LA GUÍA DE W

PASO
A
PASO

Escrito por Miguel Ángel G. Arias
ISBN: 978-1490458182

ÍNDICE DE CONTENIDOS

Bienvenidos a un nuevo Windows

Windows 8 es un sistema operativo desarrollado por Microsoft para su uso en ordenadores personales, incluidos hogares y empresas, ordenadores de sobremesa, portátiles, tabletas y ordenadores multimedia.

Introduce una gran cantidad de nuevos cambios, así que si estás pensando en actualizar desde una versión anterior de Windows, debe observar cuidadosamente estos cambios para decidir si la actualización es una buena idea.

Windows 8 está desarrollado sobre la base del lenguaje de diseño de Metro e introduce una nueva forma de estilo de software, que sólo se puede obtener a través de la Windows Store. Windows 8 también cuenta con una nueva **pantalla de inicio** , Internet Explorer 10 , el soporte nativo para USB 3.0 , un nuevo Windows Defender que combate el malware, en lugar de solamente spyware, Windows para llevar , y soporte para UEFI SecureBoot .

Windows 8 está disponible en cuatro ediciones principales: Windows 8, Windows 8 Pro, Windows 8 Enterprise, y **Windows RT**. Los tres primeros tienen casi los mismos requisitos de hardware, que son idénticos a los del Windows 7. En cambio, **Windows RT** solamente se ejecuta en ordenadores tablet con arquitectura ARM y tiene requisitos de hardware diferentes.

Ha habido muchas versiones diferentes de Windows a lo largo de los años, incluyendo Windows 7, de Windows Vista y Windows XP. Mientras que las versiones anteriores de Windows, fueron creadas principalmente para ser instaladas en los equipos de sobremesa y portátiles, Windows 8 también está desarrollado para funcionar en Tablets. Debido a esto, la interfaz se ha simplificado para poder funcionar con pantallas táctiles.

NUEVAS CARACTERÍSTICAS DE WINDOWS 8

Las Principales Versiones BETA

Consumer Preview

El 29 de febrero de 2012, Microsoft lanzó Windows 8 Consumer Preview, la versión beta de Windows 8. Por primera vez desde Windows 95, el botón Inicio ya no está presente en la barra de tareas, aunque la **pantalla de inicio** aún está activa haciendo clic en la esquina inferior izquierda de la pantalla y haciendo clic en Inicio en la **barra Charms**. El Presidente de Windows Steven Sinofsky dijo que hay más de 100.000 cambios realizados desde la versión de desarrollo a la que hizo pública. El día después de su lanzamiento, Windows 8 Consumer Preview había sido descargado más de un millón de veces.

Preview Release

El 31 de mayo de 2012, el Windows 8 Preview Release comenzó su distribución al público.

La versión Preview Release incluyó la adición de Deportes, Viajes, Noticias y aplicaciones, junto con una versión integrada de Flash Player en Internet Explorer. A diferencia de las versiones Developer Preview y la Consumer Preview, la Preview Realease tiene previsto expirar el 16 de enero 2013. Pero a finales de 2012 Microsoft lanzó una actualización que pospuso la fecha y la igual que las versiones Developer Preview y Consumer Preview, expiró el 15 de enero de 2013.

Cambios Generales en Windows 8

Windows 8 presenta un nuevo entorno de programación llamado Windows Runtime (WinRT), es la plataforma encargada de interactuar con las aplicaciones desarrolladas en Metro. WinRT es una API basada en COM, que permite el uso de varios lenguajes de programación, incluyendo C + +, C + + / CX, C #, Visual Basic. NET, o HTML5 y JavaScript.

Windows 8 incluye APIs para apoyar la comunicación en dispositivos Windows 8, lo que permite funcionalidades como el lanzamiento de direcciones URL o aplicaciones y el intercambio de información entre dispositivos a través de NFC.

Windows 8 cuenta con una nueva interfaz de usuario basada en el lenguaje de diseño de Microsoft Metro. Metro es un lenguaje de diseño creado por Microsoft, originalmente para su uso en Windows Phone. Una de las claves principales de Metro, es que se centra en el contenido de las aplicaciones, confiando más en la tipografía y menos en gráficos. El entorno de Metro incluye una nueva pantalla basada en azulejos, de igual manera que el sistema operativo Windows Phone. Cada azulejo representa una aplicación, y puede mostrar información relevante tal como el número de mensajes no leídos en una aplicación de correo electrónico o la temperatura actual en una aplicación del tiempo. Estas aplicaciones se ejecutan en pantalla completa o en los modos de lado a lado, y son capaces de compartir información entre sí mediante "contratos". Estas aplicaciones sólo estarán disponibles a través de la Windows Store. Las aplicaciones de la nueva interfaz se desarrollan con la nueva plataforma Windows Runtime que utiliza varios lenguajes de programación, como C + +, Visual Basic, C # y HTML con Javascript.

El equipo de diseño de Microsoft dice que el lenguaje de diseño está inspirado en parte por las señales que se encuentran comúnmente en los sistemas de transporte público. El lenguaje de diseño pone más énfasis en una buena tipografía, grande y con texto que llame la atención. Microsoft dice que el lenguaje de diseño está diseñado para ser "moderno, elegante y rápido", y una "actualización" de las interfaces de Windows basadas en iconos. Todas las versiones de Windows van a utilizar fuentes basadas en la familia de fuentes Segoe diseñado por Steve Matteson de Agfa Monotype y con licencia para Microsoft. Para el Zune, Microsoft ha creado una versión personalizada denominada interfaz de usuario Zegoe, y para Windows Phone, Microsoft creó la familia de fuentes "WP Segoe". Las fuentes sólo difieren en pequeños detalles. Las diferencias entre Segoe UI y Segoe WP son más obvias en sus respectivos caracteres numéricos. Los caracteres que han tenido algunos cambios tipográficos importantes son los caracteres 1, 2, 4, 5, 7, 8, I y Q.

La **pantalla de inicio** reemplaza al menú Inicio, siendo activado con la tecla de Windows, haciendo clic en una **esquina caliente** (hot corner) en la parte inferior izquierda (en sustitución del botón Inicio), y es también la primera pantalla que aparece al iniciar sesión. El usuario podrá acceder al escritorio de a través de una ficha en la **pantalla de inicio**, o abriendo la aplicación de **Escritorio**.

Se mantiene la vista de escritorio tradicional para el funcionamiento de las aplicaciones de escritorio. El botón de inicio ha sido eliminado de la barra de tareas en favor de un botón Inicio de la **barra Charms**, así como un punto de acceso desde la esquina inferior izquierda. La nueva **pantalla de inicio** sustituye las funciones del menú de inicio.

Hay muchas nuevas características y cambios en Windows 8, algunos pequeños y otros grandes. Estos cambios incluyen una interfaz completamente nueva, nuevas funciones online, mayor seguridad y muchos más detalles.

Windows 8 está diseñado principalmente para pantallas de resolución 1366 × 768 y pantallas más grandes capaces de mostrar un máximo de dos aplicaciones lado a lado con un simple deslizado con el dedo o el ratón. Las pantallas de 1024 × 768 pueden mostrar una aplicación a pantalla completa, y las pantallas de 1024 × 600 solamente podrán utilizar las aplicaciones de escritorio.

Cambios en la interfaz

Lo primero que notará al trabajar con Windows 8 es que se ve totalmente diferente a las versiones anteriores. La interfaz es completamente nueva e incluye características como la **pantalla de inicio**, hot corners y live tiles.

La Interfaz estilo Metro ha diseñada específicamente para consolidar los grupos de tareas comunes para poder acelerar su uso. Esto se logra mediante la exclusión de gráficos superfluos y en su lugar, confiando en el contenido en tiempo real que funcione también como la interfaz principal de usuario. Los títulos de página suelen ser grandes y por lo tanto también se aprovechan del desplazamiento lateral.

• **Pantalla de inicio**: La pantalla principal que va a utilizar se llama la **Pantalla de inicio** y muestra todas sus aplicaciones como azulejos o tiles. Puede personalizar su **pantalla de inicio**, cambiando en el color, elegir una imagen de fondo y reorganizando sus azulejos.

Además incluye una nueva pantalla de bloqueo, que incluye la visualización de la fecha y la hora, junto con la nueva característica de mostrar notificaciones de aplicaciones. Se han añadido dos métodos de autenticación nuevos, optimizadas para pantallas táctiles: Contraseña con imagen, que permite a los usuarios iniciar la sesión dibujando tres gestos en diferentes lugares en una imagen. De estos gestos se tendrán en cuenta la forma, los puntos de inicio y final, así como la dirección. Sin embargo, las formas y los gestos se limitan a tocar y trazando una línea o un círculo. Si los gestos son incorrectos, siempre se negará el inicio de sesión, y se cerrará el PC después de cinco intentos fallidos; y el registro de PIN, que permite a los usuarios autenticarse usando un dígito de cuatro pines.

También están disponibles dos nuevos métodos de entrada, incluyendo una clave de cuatro dígitos "PIN", o un "contraseña imagen", lo que permite a los usuarios el uso de ciertos gestos realizados en una imagen seleccionada para iniciar sesión.

• **Live Tiles**: Algunas aplicaciones usan azulejos en vivo, que permiten ver la información sin ni siquiera hacer clic sobre la aplicación. Por ejemplo, una aplicación sobre el tiempo meteorológico muestra el tiempo actual en su azulejo, y puedes hacer clic sobre él para ver más detalles y ampliar la información.

• **Hot corners**: Puedes navegar a través de Windows 8 mediante el uso de esquinas calientes o hot corners. Para usar una **esquina caliente**, mueve el ratón sobre la esquina de la pantalla, y se abrirá una barra de herramientas o azulejo sobre el que puede hacer clic. Es decir, para ir a otra aplicación que ya tenga abierta, puede colocar el ratón en la esquina superior izquierda y haga clic sobre ella. Si está utilizando una tableta, pasará el dedo desde la izquierda hacia la derecha en vez de utilizar las esquinas calientes.

• **Charms Bar**: La interfaz también incorpora una nueva barra de menú en el lado derecho de la pantalla conocida como la "**barra Charms**", que se puede acceder desde cualquier aplicación o desde el escritorio deslizándose desde el borde derecho de una pantalla táctil o presionando la tecla Windows + C. La **barra Charms** incluye la funcionalidad para la búsqueda, compartir, el acceso a la **pantalla de inicio**, gestión de dispositivos y la configuración, todos los cuales pueden ser directamente integrados con las aplicaciones.

Muchas partes de la configuración del equipo se encuentran ahora en una barra de herramientas llamada **La barra de Charms** o barra de Encantamientos.

Características Nuevas en Windows 8

Muchas personas están empezando a guardar sus archivos y otra información en Hostings remotos. Una forma de hacerlo es con el servicio **SkyDrive** de Microsoft. Windows 8 lleva integrado el servicio de **SkyDrive**, así como otros servicios online como Facebook y Twitter.

• **Inicio de sesión con la cuenta de Microsoft**: Las cuentas de usuario se pueden vincular a una cuenta de Microsoft para proporcionar una funcionalidad adicional, como la sincronización de los datos del usuario, y la integración con otros servicios de Microsoft como Xbox Live , Xbox Música , Vídeo Xbox y **SkyDrive** . En lugar de crear una cuenta en el equipo, puede iniciar sesión con su cuenta de Microsoft.

Con esto podrá tener sus archivos de **SkyDrive**, los contactos, y mucho más en su **pantalla de inicio**. Además, podrá iniciar sesión en otro equipo que tenga Windows 8, y todos sus archivos de **SkyDrive** estarán allí.

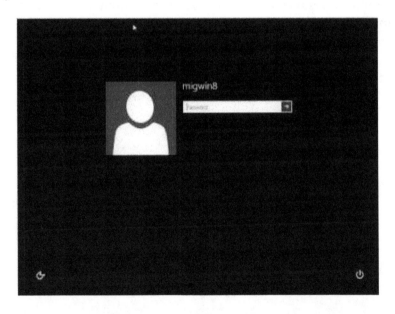

• **Integración con las redes sociales**: Podrá conectarse a sus cuentas de Facebook, Twitter y Flickr, lo que le permitirá ver los muros o los tweets de sus amigos desde la **pantalla de inicio**.

• **Un escritorio más básico**: Microsoft no ha eliminado en el escritorio, y todavía lo puede utilizar para administrar sus archivos o abrir los programas que allí tenga. Sin embargo, se han eliminado algunas características gráficas que provocaban que tanto las versiones de Windows Vista como la versión 7 funcionaran mucho más lento. El nuevo Escritorio debería funcionar sin problemas en la mayoría de los equipos actuales.

El mayor cambio en el escritorio es que ya no hay botón Inicio. En las versiones anteriores, el botón Inicio era el lugar empleado para arrancar las aplicaciones, configuraciones del equipo o para buscar en el equipo. Aunque estas características siguen siendo accesibles desde la **pantalla de inicio**, para muchas personas esto les resultará desconcertante cuando comiencen a usar esta nueva versión de Windows sin el botón Inicio de toda la vida.

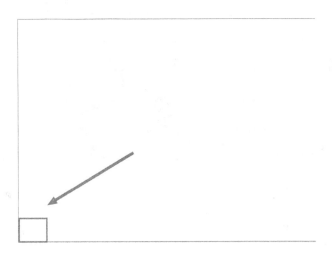

También incorpora mejoras en la seguridad, incorporando un antivirus integrado en su sistema llamado Windows Defender, el cual también brinda protección contra el malware o en el Spyware.

Diseño funcional de Windows 8

Windows 8 es muy diferente a cualquier otra versión de Windows que haya utilizado antes, por ello es muy probable que vaya a cambiar el modo de usar su equipo. Esto le puede llevar cierto tiempo hasta llegar a acostumbrarse, pero tenga en cuenta que estos cambios están diseñados para hacer que su experiencia informática sea más fácil y más suave.

Por ejemplo, si usted ha utilizado versiones anteriores de Windows, estará acostumbrado a poner en marcha los programas haciendo clic en el botón Inicio. En Windows 8, será la **pantalla de inicio** la que cumplirá esas funciones. Por otro lado, todavía podrá seguir usando la vista de escritorio para organizar sus archivos y carpetas, y para abrir los programas más antiguos.

Al principio se verá que utilizará muy a menudo tanto la vista escritorio como la **pantalla de inicio**, dependiendo de la tarea que desee realizar. Sin embargo, si usa su equipo principalmente para navegar por Internet, pasará la mayoría de su tiempo en la **pantalla de inicio**.

La actualización a Windows 8

Windows 8 es un gran cambio respecto a sus versiones anteriores de Windows. No es sólo una nueva versión con nuevas características, en muchos sentidos, sino que es un sistema operativo diferente. Si no le gusta la idea de cambiar el modo de usar su equipo, puede decidir continuar con su versión actual, o actualizar su equipo a Windows 7. Pero si le gustan las nuevas características que hemos comentado hasta ahora, entonces es posible que Windows 8 le ofrezca una experiencia informática más fácil y más agradable.

Ahora veremos los diferentes requisitos de hardware y software que son necesarios para la actualización a Windows 8.

Requisitos de Hardware

Antes de actualizar a Windows 8, es primordial garantizarse de que el equipo cumple los requisitos mínimos de hardware. A continuación se muestran los requisitos que Microsoft ha publicado:

PC

Los requisitos mínimos de hardware para Windows 8 Enterprise edición

Arquitectura	**IA-32** (32-bit)	**x86-64** (64-bit)
Procesador	1 GHz (con PAE , NX y SSE2 apoyo) [55]	
Memoria (RAM)	1 GB	2 GB
Tarjeta gráfica	DirectX 9 dispositivo gráfico con controlador WDDM 1.0 o superior	
Almacenamiento	20 GB	

Requisitos para **Tabletas**

Tarjeta gráfica	gráficos DirectX 10 y dispositivo con controlador WDDM 1.2 o superior
Almacenamiento	10 GB de espacio libre
Botones estándar	'Power', 'bloqueo de rotación "," Tecla Windows "," Volumen hacia arriba', 'Volumen hacia abajo "
Pantalla	La pantalla táctil tiene que soportar una resolución mínima de al menos 1366x768. Las dimensiones físicas de la pantalla debe de coincidir con la relación de aspecto de la resolución nativa. La resolución nativa del panel puede ser mayor que 1366 (horizontal) y 768 (vertical). La profundidad mínima de color nativo es de 32-bits.
Cámara	720p mínimo
USB 2,0	Al menos un controlador y un puerto.
Conectar	Wi-Fi y Bluetooth 4.0 + LE (de bajo consumo energético)

Tenga en cuenta que estos son los requisitos mínimos. Si normalmente usa su equipo para jugar a videojuegos o para trabajar con software potente, seguramente ya tenga un procesador más rápido, más memoria RAM, o una tarjeta gráfica más potente.

Windows 8 tiene los mismos requerimientos que Windows 7, por lo que si va a actualizar su equipo desde Windows 7, es probable que no tenga problemas con Windows 8. Pero si va a actualizar su equipo desde Windows Vista o XP, deberá comprobar desde la información del sistema de su equipo para ver si cumple con los requisitos.

Ver información sobre su equipo

Para ver si su equipo cumple los requisitos para Windows 8, debe ver la información acerca de su equipo, para ello debe de ir al Panel de control.

1. Haga clic en el botón Inicio y seleccione **Panel de Control.**

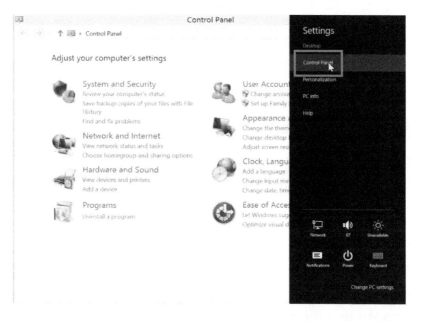

2.   Haga clic en **Sistema y seguridad (System and Security)**.

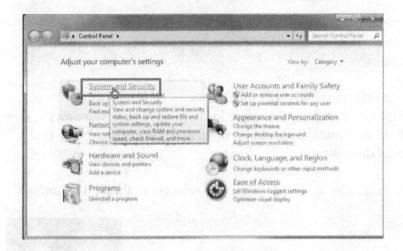

3.   Haga clic en Sistema.

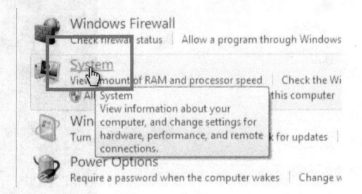

4. Ahora podrá ver la información sobre el procesador del equipo, la RAM y más detalles sobre el hardware.

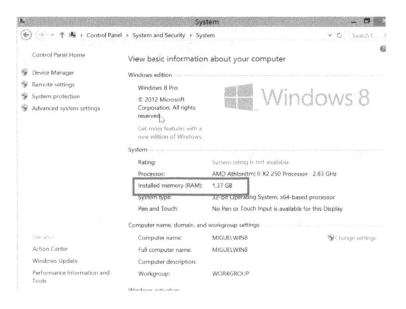

Compatibilidad del software

Windows 8 64-bit será capaz de ejecutar software de 64-bit y 32-bit, mientras que Windows 8 32-bit 32-bit solo será capaz de ejecutar software de 32 bits y de 16 bits, aunque algunos programas de 16 bits pueden requerir aplicar la configuración de compatibilidad, o no funcionará.

Windows RT, es una versión de Windows 8 para sistemas con procesadores ARM, sólo admitirá aplicaciones incluidas con el sistema (por ejemplo, una versión especial de Office 2013), suministrado a través de Windows Update o aplicaciones adquiridas a través de la Windows Store. Windows con procesadores ARM no permite la ejecución, emulación, o migrar aplicaciones de escritorio existentes para x86/64 para garantizar la calidad de las aplicaciones disponibles en ARM.

Las aplicaciones Estilo Metro pueden ser compatibles entre
Windows 8 y **Windows RT**.

Antes de actualizar a Windows 8 deberá de comprobar que podrá
ser capaz de utilizar todo en el software que necesitará y que ya
tiene al cambiar a un sistema operativo distinto. Antes de
actualizar a Windows 8, pregúntese si hay algún software en su
equipo que le resulte imprescindible y busque en Internet
información para averiguar si es compatible.

 Si va a actualizar desde Windows 7 o Vista, la mayoría de sus
aplicaciones deberían seguir funcionando sin ningún tipo de
problema. Sin embargo, si está utilizando una versión anterior
como Windows XP, hay demasiadas probabilidades de que muchas
de sus aplicaciones no sean compatibles con Windows 8. Una
simple búsqueda en Google a menudo será suficiente para saber si
una aplicación es compatible o no para Windows 8.

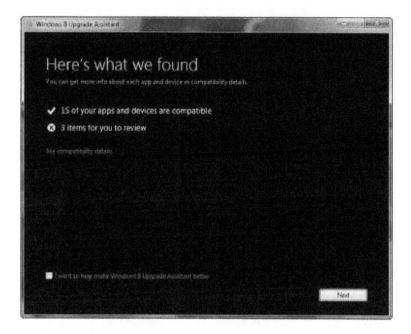

Versiones de Windows 8

Ahora que ya has visto algunas de las nuevas características que Windows 8 tiene que ofrecer, deberá decidir si debe actualizar su actual equipo, o comprar un nuevo equipo o tableta con Windows 8 pre-instalado. A lo largo de este libro verá todas las nuevas características de esta nueva versión de Windows 8, antes de llevar a cabo un proceso tan crítico como una actualización del sistema, tenga en cuenta todos los datos necesarios para saber si realmente es necesario o si le compensará actualizar el sistema operativo.

Ahora vamos a ver las diferentes ediciones de Windows 8.

Ediciones de Windows 8

Las tres principales ediciones de Windows 8 son:

• **Windows 8**: Esta es la edición estándar, está orientado a los usuarios domésticos y se instalará sobretodo en equipos de sobremesa y portátiles y en algunas tabletas.

• **Windows 8 Pro**: Esto le da todas las características de Windows 8, así como características adicionales destinadas a usuarios avanzados y a las pequeñas y medianas empresas. Esta edición incorpora BitLocker para cifrar sus archivos, el hipervisor

Hyper-V, la integración en dominios de Windows Server en entre otras caraterísticas .

• **Ventanas RT**: Esta es la edición que van a tener la mayoría de las tabletas. También puede ser utilizado por algunos portátiles, **Windows RT** viene pre-instalado con una versión de Microsoft Office que está optimizado para las pantallas táctiles eso sí, las principales características orientadas a la empresa como la integración en dominios o las políticas de grupo no son soportadas en esta edición.

Windows Surface

Si va a utilizar Windows 8 en una tableta, deberá comprar una tableta con Windows 8 pre-instalado, como **Windows Surface**. **Surface** tiene dos versiones: una versión más barata que lleva pre-instalado **Windows RT**, y una versión más potente que lleva pre-instalado Windows 8 Pro. Otras compañías esperan lanzar Windows 8 en sus tabletas en los próximos meses.

Microsoft Surface son unas tabletas diseñado y comercializadas por Microsoft. Las dos versiones de **Microsoft Surface** tienen distintas CPUs y arquitecturas. El **Windows RT** utiliza una CPU ARM, mientras que el modelo Pro Windows 8 utilizará una CPU Intel. Ambos modelos son capaces de instalar nuevas aplicaciones a través de la Windows Store, sin embargo, sólo el modelo de Windows 8 Pro permite la instalación de los programas tradicionales de escritorio de terceros fabricantes.

Surface y **Surface** Pro tienen pantallas de 10,6 pulgadas con una relación de aspecto de 16:9. Ambas tabletas utilizan la tecnología Microsoft ClearType para pantallas de alta definición y soportan un ángulo de visión ultra-ancho y auto-ajuste de la intensidad de la pantalla.

Microsoft ofrece dos cubiertas para el teclado **Surface**, la Touch Cover y la Type Cover, que se conectan al **Surface** a través de una banda magnética. Ambos sirven como cubiertas protectoras cuando se pliegan contra el dispositivo, y la función como teclados se descubren cuando se abre. La cubierta de tipo Touch Cover es de 3,25 milímetros de espesor y tiene un teclado sensible a la presión. La cubierta de tipo Type Cover es más gruesa, de 6 milímetros e incluye un teclado táctil con teclas físicas. Los teclados tienen un sensor giroscopio y acelerómetro para determinar, con base en la posición, si aceptan o no la entrada. Ambos también incluye un multitouch touchpad.

La animación juega un papel importante, con transiciones, y las interacciones del usuario, tales como presionar o dar pequeños golpes, estos siempre genera algún tipo de animación o movimiento. Esto está pensado para dar al usuario la impresión de que la interfaz de usuario está "viva" y que es sensible, con una mayor sensación de profundidad.

El Escritorio de Windows 8
Aunque Windows 8 utiliza la **pantalla de inicio** para el lanzamiento de aplicaciones y otras tareas, la vista de escritorio sigue siendo una característica importante que usted y necesitará saber cómo utilizarlo. A continuación, vamos a mostrar los aspectos básicos del uso del escritorio, como son la manera de navegar por aplicaciones con el **Explorador de archivos**, la barra de tareas, y como gestionar las ventanas que tenemos abiertas con los nuevos efectos integrados de escritorio.

Acceder al escritorio

• Haga clic en el azulejo **Escritorio (Desktop)** en la **pantalla de inicio**.

Manejando con archivos en el escritorio

Para trabajar con los archivos y carpetas en su computadora, podrás utilizar la aplicación **Explorador de archivos**. En el **Explorador de archivos**, puede navegar por las diferentes carpetas, archivos y más elementos.

El Explorador de Windows, ha pasado a llamarse **Explorador de archivos**, ha sido diseñado para anticiparse con los comandos más utilizados y así para facilitar el acceso a las aplicaciones que más usamos. El **Explorador de archivos** cuenta con un panel de vista previa rediseñado, que se aprovecha de los diseños de pantalla ancha. File Explorer ofrece una función integrada para el montaje de archivos ISO, IMG , y VHD como unidades virtuales.

También se han rediseñado las barras de progreso para las operaciones de archivos. Ofreciendo la posibilidad de mostrar varias operaciones a la vez, un gráfico de la velocidad de transferencia, y la posibilidad de pausar y reanudar la transferencia de archivos. También se ha introducido una nueva interfaz para la gestión de conflictos en operaciones con archivos, lo que permite a los usuarios controlar más fácilmente los conflictos entre los distintos archivos.

Si desea acceder a sus archivos desde cualquier ordenador, es posible que desee guardar sus archivos online, como en **SkyDrive**.

Abrir el Explorador de archivos
• Haga clic en el icono **Explorador de archivos** en la barra de tareas, o haga doble clic en cualquier carpeta en el escritorio. Aparecerá una ventana del **Explorador de archivos** que se abre.

Navegando por el Explorador de archivos

Seleccione el archivo que desee y haga doble clic sobre él.
También, puede ir al panel de navegación en la parte izquierda de
la ventana para seleccionar una ubicación diferente.

Eliminar Archivos

Windows 8 sigue utilizando la papelera de reciclaje para evitar el borrado de archivos accidental. Cuando se elimina un archivo, este se mueve a la Papelera de reciclaje. Si el usuario cambia de opinión, puede restaurar el archivo a su ubicación original. Si está seguro de que desea eliminar permanentemente el archivo, tendrá que vaciar la Papelera de reciclaje.

Eliminar un archivo

1.   Haga clic, mantenga y arrastre el archivo al icono de la **Papelera de Reciclaje (Recycle Bin)** en el escritorio. También, puede seleccionar el archivo y pulsar la tecla **Suprimir**.

2.   Haga clic con el botón derecho sobre el icono de la Papelera de reciclaje y seleccione **Vaciar Papelera de Reciclaje (Empty Recycle Bin)**. Todos los archivos de la Papelera de reciclaje se eliminarán permanentemente.

El Historial de Archivos

El Historial de Archivos es una protección de datos continua similar al componente de Mac OS X 's Time Machine. **El Historial de Archivos** crea automáticamente copias de seguridad incrementales de los archivos almacenados en **Las Bibliotecas** y carpetas especificadas por el usuario a un dispositivo de almacenamiento externo (como un disco duro externo o recurso compartido de red). Los usuarios pueden realizar un seguimiento y restaurar revisiones específicas de archivos a través de las funciones de "historia" en el **Explorador de archivos**. El archivo histórico utiliza el diario USN para seguir los cambios, y se limita a copiar las nuevas versiones de los archivos en la ubicación de la copia de seguridad. A diferencia de la copia de seguridad y la restauración, no se puede hacer una copia de seguridad de archivos cifrados con EFS.

CAMBIOS GENERALES: INTERFAZ Y MANEJO

Introducción a Windows 8

Windows 8 puede ser confuso al principio, ya que la interfaz ha cambiado mucho. Usted necesitará saber cómo navegar por la **pantalla de inicio**, así como en el escritorio. Aunque el escritorio se ve muy similar a las versiones anteriores de Windows, tiene un cambio importante: El botón Inicio se ha eliminado.

Ahora le mostraremos cómo navegar en Windows 8, como utilizar la **Charms bar**, y trabajar con las aplicaciones. También le mostrará dónde encontrar las características que existían antes en el menú Inicio.

Iniciar sesión en Windows 8

Durante el proceso de Instalación-Configuración, Windows 8 le solicitará crear un nombre de cuenta y contraseña que utilizará para iniciar sesión. También puedes crear cuentas adicionales, y tienes la opción de asociar cada una con una cuenta de Microsoft.

1.   Haga clic en cualquier lugar de la **pantalla de bloqueo** para desbloquear el equipo.

2. Aparecerá su nombre de cuenta de usuario y la imagen asociada. Escriba la contraseña y pulse Intro para iniciar sesión, o pulse la flecha hacia atrás para seleccionar un usuario diferente.

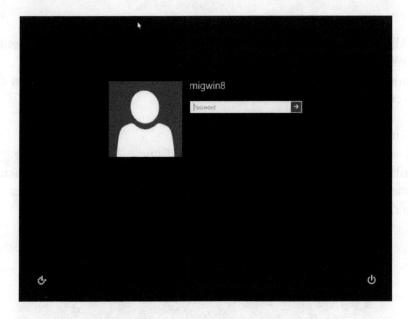

3. Aparecerá la **pantalla de inicio**.

Manejando la Nueva Interfaz de Windows 8
Hay varias maneras de navegar a través de Windows 8,
incluyendo las esquinas calientes, atajos de teclado y gestos si estas
utilizando una tableta. La nueva interfaz de Windows 8 nos provee
de numerosas maneras de movernos para obtener una mejor
experiencia con nuestro sistema operativo.

Hot corners
Tanto en la **pantalla de inicio** o en el escritorio, puede navegar a
través de las **Hot corners.** Para usar una **esquina caliente**, pase el
ratón por la esquina de la pantalla, y se abrirá una barra de
herramientas o un azulejo, usted podrá hacer clic en cada esquina
abriendo una aplicación diferente.

• **Abajo a la izquierda**: Cuando estas utilizando una aplicación,
puede hacer clic en la esquina inferior izquierda para volver a la
pantalla de inicio.

- **Arriba a la izquierda**: Si haces clic en la esquina superior izquierda, abrirá la aplicación anterior que estaba utilizando.

- **Superior derecha o inferior derecha**: Puede situar el ratón en la esquina superior derecha o inferior derecha para abrir **la barra de Charms**, que vamos a usar para ajustar la configuración del

equipo, administrar impresoras y demás configuraciones.
Hablaremos más sobre **la barra de Charms** más adelante.

Si tienes varias aplicaciones abiertas, puedes cambiar entre ellos
con solo pasar el ratón sobre la esquina superior izquierda y
moviendo en el ratón hacia abajo. Esto muestra una lista de todas
las aplicaciones que tienes abiertas, y puedes hacer clic sobre la
aplicación a la que quieres ir.

Navegar por una Tableta
Si tienes una tableta de Windows 8, se puede navegar usando los
gestos swipe en lugar de esquinas calientes:

- Dejar el dedo pulsado: **ayuda, información sobre la
  aplicación**

- Pulsar con el dedo una vez: es la **acción principal**, es decir, abrir una aplicación, cerrarla (pulsando sobre la X si tiene esa opción)

- Deslizar el Dedo: se utiliza para **desplazar la pantalla** o **moverse dentro de la pantalla o aplicación.**

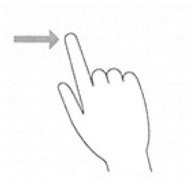

- Arrastrar con el dedo: este movimiento se usa para **seleccionar** uno o varios objetos.

- Usar los dos dedos con la posición de abriendo o cerrando: **amplia** o **disminuye** el tamaño de la pantalla o aplicación.

- Girar los dedos: esta opción se usa para **rotar** la pantalla o aplicación.

- Arrastrar desde el borde inferior hacia arriba: muestra las **opciones** de las **aplicaciones seleccionadas.**

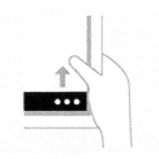

- Arrastrar desde el borde de la izquierda hacia la derecha: muestra la **Charms bar.**

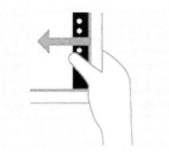

Métodos abreviados de teclado

Windows 8 tiene varios atajos de teclado que puede usar para navegar más fácilmente:

• **Alt + Tab**: Puede mantener pulsada la tecla **Alt** y pulse la tecla **Tab** una o más veces para cambiar entre las aplicaciones abiertas. Esta característica se llama **Flip**, y funciona en vista de Escritorio y en la **pantalla de inicio.**

• **Tecla Windows**: Cuando tienes una aplicación abierta, puede pulsar la tecla de **Windows** para ir a la **pantalla de inicio.** Este acceso directo también le permite volver a la **pantalla de inicio** cuando se encuentra en modo escritorio.

• **Tecla Windows + D**: Puede mantener pulsada la tecla Windows y pulse D para cambiar a la de escritorio.

- **Tecla Win + Q**: Muestra todas las aplicaciones instaladas.
- **Tecla Win + F**: Búsqueda instantánea de archivos.
- **Tecla Win + I**: Configuración de la barra lateral, como panel de control, red, volumen, brillo, notificaciones, y más.
- **Tecla Win + P:** Muestra las opciones de configuración de monitores, y también se utiliza cuando se conecta un monitor externo o un proyector.
- **Tecla Win + Z:** Muestra la barra de aplicaciones.
- **Tecla Win +. (Punto):** Activa el efecto Snaps sobre la aplicación actual hacia el lado derecho de la pantalla. Hágalo dos veces y se ajustará a la izquierda.
- **Tecla Win + J:** Cambia el foco entre aplicaciones Metro.
- **Tecla Win + Page Up / Down**: Mueve a pantalla completa una aplicación Metro en un monitor secundario.
- **Tecla Win + Tab:** Cambia entre las aplicaciones abiertas.
- **Tecla Win + L:** Bloquea Windows.

La barra de Charms

La barra de Charms es una barra de herramientas que le permite acceder a la configuración del equipo, a mayores de más opciones. Para acceder a "la barra de encantos", con solo pasar el ratón sobre la esquina superior derecha o inferior derecha.

La barra de Charms contiene varios iconos, que son llamados encantos, y cada uno contiene diferentes opciones:

- **Buscar**: El encanto de búsqueda le permite encontrar aplicaciones, archivos o la configuración de su equipo. Sin embargo, una forma más sencilla de buscar es ir a la pantalla de inicio y escribir el nombre del archivo o aplicación que estas buscando.

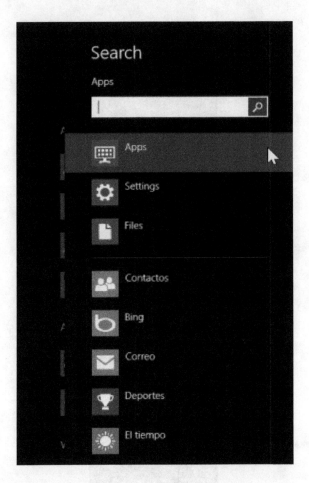

- **Compartir**: Este encanto le permite "copiar" la información (por ejemplo, una foto o una dirección web) y "pegar" en otra aplicación. Por ejemplo, si está viendo una foto en la aplicación Fotos, puede compartirla con la aplicación de **SkyDrive**, en vez subir la foto a su **SkyDrive**. Si estás una web interesante, puede compartir la dirección con la aplicación de Correo electrónico, que le permite enviar la dirección web a un amigo.

- **Inicio**: Esto cambia a la **pantalla de inicio**. Si usted ya está en la **pantalla de inicio**, se abrirá la última aplicación que estuviera ejecutando.

- **Dispositivos**: Muestra los dispositivos de hardware que se conectan a su equipo, como impresoras o monitores.

- **Ajustes**: Permite acceder a la configuración general del equipo, así como la configuración de la aplicación que está ejecutando actualmente. Por ejemplo, si estas en el Internet Explorer, puede ir al encanto Configuración para acceder a las Opciones de Internet.

El Nuevo Escritorio

Una de las principales quejas acerca de Windows 8 es que no tiene un menú de inicio. El menú Inicio es una característica muy importante en las versiones anteriores de Windows, ya que se utilizó para lanzar aplicaciones, buscar archivos, abrir el Panel de control y/o apagar el equipo. Usted también puede hacer todas estas cosas en Windows 8, pero ahora están en lugares diferentes. Al principio puede que le cueste acostumbrase, pero todo está diseñado para que el uso de Windows 8 sea más rápido y sencillo.

Abrir una aplicación

Hay varias formas de abrir una aplicación en Windows 8:
- Haga clic en el icono de la aplicación sobre la barra de tareas, en este caso el Internet Explorer.

• Haga doble clic en el acceso directo de aplicación en el escritorio, en este caso el Mozilla Firefox.

• Haga clic en la ficha Aplicación en la **pantalla de inicio**.

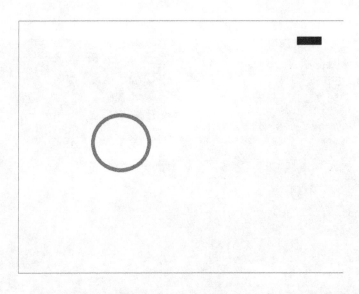

Para ver todas las aplicaciones, haga clic en el fondo de la pantalla
Inicio y seleccione **Todos los programas (All apps)**.

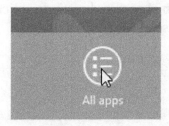

Buscar un archivo o aplicación

Windows 8 nos presenta una herramienta muy versátil de
Búsqueda y muy sencilla de usar que nos ayudará a localizar
aquellos archivos y/o aplicaciones las que no tenemos un acceso
directo ni en el escritorio ni en la **pantalla de inicio**.

• Pulse la tecla de Windows para ir a la **pantalla de inicio** y y
escribe lo que estás buscando. Sus resultados Verán al instante en
la parte izquierda de la pantalla y las opciones de búsqueda
aparecerán a la derecha.

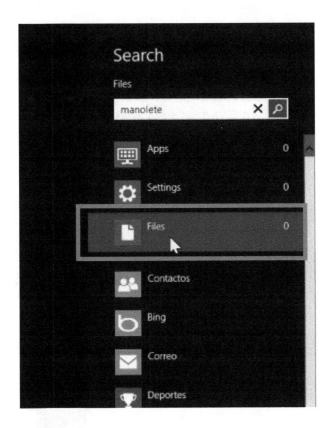

El Panel de Control

El **Panel de Control** es la herramienta a la que recurrimos siempre que necesitamos realizar algún ajuste sobre nuestro sistema operativo. Cuando hagamos algún cambio crítico en el sistema operativo, lo haremos desde el Panel de Control. Acceder al **Panel de Control** ahora se realiza de una manera distinta, debido a la eliminación del **menú de inicio.**

1. Desde la vista de Escritorio, mueva el ratón en la esquina inferior derecha para acceder a **la barra de Charms** y seleccione **Configuración**.

2. Busque y seleccione **Panel de control** desde el panel de **Configuración**.

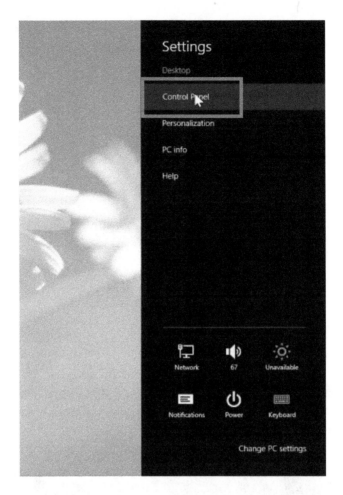

3. El **Panel de Control (Control Panel)**. A continuación, puede seleccionar la configuración deseada para cambiarla.

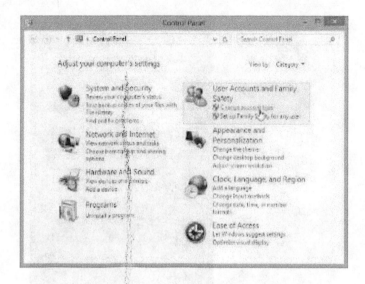

Apagar el equipo

Una vez más, nos acordamos del botón de inicio…que ya no está. Ahora para apagar el equipo lo haremos desde la **pantalla de inicio** o también desde el **escritorio**, ya que lo haremos mediante la **Charms bar**.

1. Abra **la barra de Charms** y seleccione **Configuración**.

2. Haga clic de encendido y seleccione **Iniciar/Apagar**.

Aplicaciones en la pantalla de inicio

La mayoría de las aplicaciones que va a usar usted se encontrarán en la **pantalla de inicio,** porque después de que lleve un tiempo trabajando con Windows 8, se dará cuenta de que es el método más rápido de lanzar una aplicación, también tenemos que recordar que las aplicaciones que se ejecutarán desde la pantalla de inicio, tienen que ser aplicaciones desarrolladas con el lenguaje de diseño Metro-style a través de la Windows Store o la Tienda de Windows, lo cual generará un nuevo nicho de mercado de una gran magnitud, comparable a la aparición del Iphone. A continuación, veremos como manejar las aplicaciones desde la **pantalla de inicio**.

Abrir una aplicación

1. En la **pantalla de inicio**, busque y haga clic en la aplicación que desea abrir.

2. La aplicación se abrirá y llenará toda la pantalla.

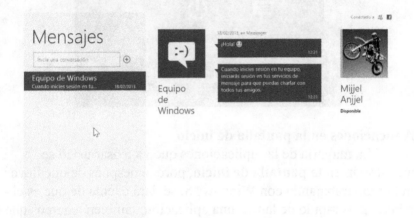

Cerrar una aplicación

1. Pase el ratón sobre la parte superior de la aplicación. El cursor cambiará a un icono de mano.

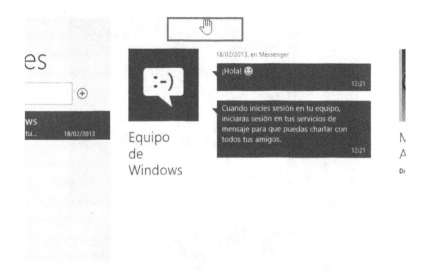

2. Haga clic, mantenga y arrastre desde la parte superior de la aplicación hasta la parte inferior de la pantalla y luego suelte. La aplicación se cerrará y regresará a la **pantalla de inicio**.

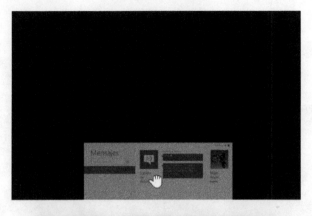

Diferentes métodos para el apagado de Windows 8

El popular botón **Apagar**, el botón **Inicio** y las opciones del **menú de inicio** se han movido de forma inesperada de sus lugares tradicionales. Una buena noticia es que hay más de una manera de apagar el **PC** con un **Windows 8**. Usted deberá sentirse cómodo con al menos una de estas formas.

Dado que Microsoft no da la opción a los usuarios de cerrar por completo sus sistemas, han mantenido el **Sleep (Suspender)** y otras opciones de restauración en el mismo lugar donde antes estaba la opción de **Apagado**. De esta manera el sistema vuelve a arrancarse como hacen las tabletas y los teléfonos inteligentes.

Ctrl + Alt + Supr son la combinación de teclas para apagar Windows 8

Utilice la combinación de teclas **Ctrl** + **Alt** + **Supr** y haga clic en la opción que desee para cerrar el sistema.

Si está en el escritorio utilice Alt + F4 para apagar Windows 8.

Esta es la forma de apagar el sistema directamente desde el escritorio. Haga clic en el fondo de escritorio y pulse **Alt** + **F4**. Se mostrará un diálogo, seleccione **Apagar** el sistema desde allí.

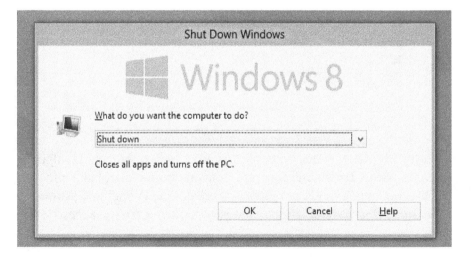

Crear Accesos Directos para Apagar Windows 8

También puede crear un acceso directo para **Apagar,** que podrá colocar en cualquier lugar desee, desde la pantalla de inicio o en cualquier carpeta. Así será capaz de cerrar Windows 8 con un solo clic.

La creación de un acceso directo también es muy simple. Si está en el escritorio, haga clic en él, vaya a **Nuevo** y haga clic en **Acceso directo**. Ahora en el cuadro **Ubicación**, y copie la línea que mostramos a continuación para crear un acceso directo para apagar el ordenador directamente desde el acceso directo:

shutdown.exe / s / t 0

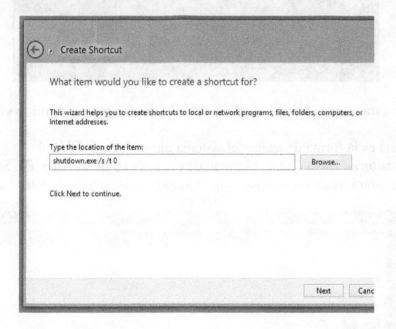

Pulse **Siguiente** y dea un nombre al **acceso directo** creado, algo así como "**Shut Down**". Ponga otra imagen como icono, haga clic derecho en nuevo acceso directo y seleccione la opción **Cambiar icono**. Seleccione el icono que desea mantener para el acceso directo.

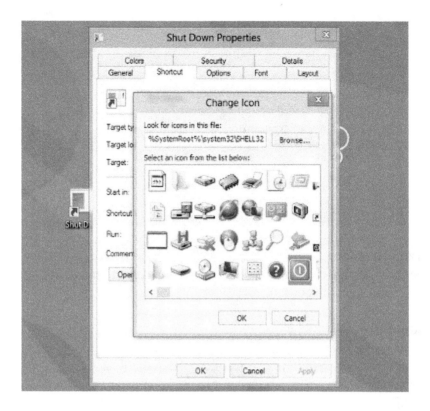

Coloque el acceso directo donde usted quiera. En la barra de tareas, arrastre el acceso directo a la zona de la barra de tareas. En la pantalla de inicio, haga clic derecho sobre él y haga clic en **Anclar a inicio (Pint to Start).**

Una cosa con la que hay que tener mucho cuidado es cuando se hace clic en este icono, el sistema se apagará inmediatamente sin darle primero una notificación.

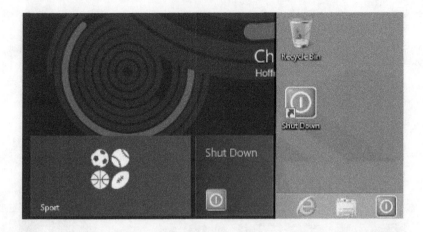

También puede crear un acceso directo que se reinicie el sistema cuando se haga clic en él. Para ello cree un acceso directo con la siguiente línea de código:

shutdown.exe / r / t 0

Para ver todos los interruptores que puedan emplearse para la personalización de los accesos directos de **Apagar** el sistema, abra el Símbolo del sistema de Windows y ejecute el siguiente comando **Shutdown.exe /?.**

```
Command Prompt                                                    _ □ x

Microsoft Windows [Version 6.2.8400]
(c) 2012 Microsoft Corporation. All rights reserved.

C:\Users\Chris>shutdown.exe /?
Usage: shutdown.exe [/i | /l | /s | /r | /g | /a | /p | /h | /e | /o] [/hybrid]
[/f]
        [/m \\computer][/t xxx][/d [p|u:]xx:yy [/c "comment"]]

    No args    Display help. This is the same as typing /?.
    /?         Display help. This is the same as not typing any options.
    /i         Display the graphical user interface (GUI).
               This must be the first option.
    /l         Log off. This cannot be used with /m or /d options.
    /s         Shutdown the computer.
    /r         Full shutdown and restart the computer.
    /g         Full shutdown and restart the computer. After the system is
               rebooted, restart any registered applications.
    /a         Abort a system shutdown.
               This can only be used during the time-out period.
    /p         Turn off the local computer with no time-out or warning.
               Can be used with /d and /f options.
    /h         Hibernate the local computer.
               Can be used with the /f option.
    /hybrid    Performs a shutdown of the computer and prepares it for fast star
tup.
```

Agregar hibernación en Windows 8

La **Característica de la hibernación** de sistemas operativos permite a los contenidos de la RAM que se escriban en el disco duro, Antes de que el cerrar la operación se lleva a cabo en el ordenador. Cuando el equipo se enciende de nuevo, esta función vuelve a cargar el contenido a la memoria y restaura el estado anterior del ordenador. Por ejemplo, si estuviera usando internet y tenía el Google Chrome abierto con **cinco pestañas** antes de ir a la opción de **hibernación del sistema**, entonces el equipo se reanudará con las mismas cinco pestañas de Chrome sin ninguna pérdida de datos.

Windows 8 ha presentado una gran cantidad de cambios que son un poco molestos para el usuario estándar. Independientemente del hecho de que las opciones de **Apagar y Reiniciar** ya están habilitadas en Windows 8, **la opción de hibernación está desactivada de forma predeterminada**. Aquí usted encontrará que la forma de **activar la opción de hibernación** y mostrar **Modo de reposo** (Específicamente en el menú Inicio Opciones de energía) en Windows 8.

Para poner el sistema en modo de hibernación, busque el icono de la batería en la bandeja del sistema y haga clic sobre él. En las opciones seleccione **Más opciones de energía (More power options).**

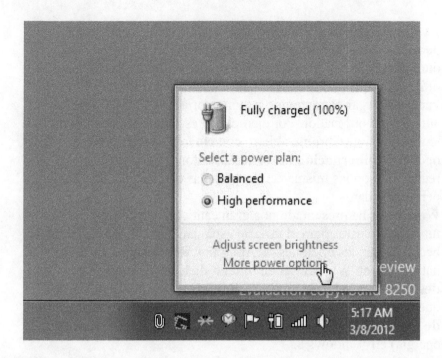

Verá una **"elegir que botones harán de encendido" (choose what the power buttons do)** en la barra lateral a la izquierda. Selecciónelo

Haga clic sobre la opción **"Cambiar la configuración actualmente no disponible" (Change settings that are currently unavariable).** Al igual que en la imagen siguiente.

Esto activará la opción el modo de hibernación. Usted puede hacer esto marcando la opción **Mostrar Hibernar (Show Hibernate)** y pulsa en **Guardar cambios (Save Changes)**.

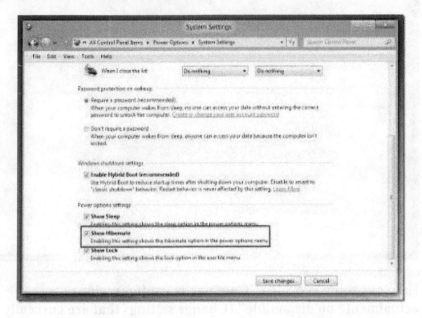

Ahora cada vez que desee poner su sistema en **Hibernar**, simplemente vaya a la barra Charms y haga clic en **Hibernar** en las **Opciones de energía (Power)**. Del mismo modo, si usted quiere que su Windows 8 no hiberne, simplemente desactive la opción de **Mostrar Hibernar**.

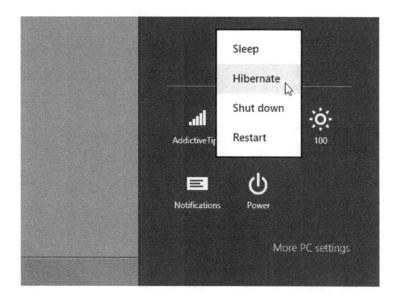

Al reanudar desde el modo de hibernación, Windows 8 tiene un arranque más rápido ya que cuenta con un procedimiento de hibernación en el núcleo del sistema para esta opción. Para la mayoría de los ordenadores portátiles, el tiempo aproximado es de unos 8 segundos para que Windows 8 surja de nuevo del modo de hibernación.

Dos aplicaciones Lado a lado
Por lo general las aplicaciones van a llenar toda la pantalla, Windows 8 le permite abrir una aplicación para el lado izquierdo o derecho y luego abrir una segunda aplicación. Por ejemplo, es posible que desee mantener su calendario visible mientras estas utilizando otra aplicación.

El ajuste está diseñado para trabajar con monitores de pantalla ancha. Necesitará una resolución de pantalla de al menos 1366x768 píxeles para utilizar esta función. En caso contrario las aplicaciones de Windows 8 se mostrarán a pantalla completa pero solamente una a la vez.

Ver dos aplicaciones Lada a lado
 1. En la **pantalla de inicio**, haga clic en la primera aplicación para abrirlo.

2. Haga clic, mantenga y arrastre la parte superior de la aplicación hasta el final hacia la derecha o la izquierda de la pantalla (en este caso derecha).

3.   Suelte el ratón, y la aplicación se ajustará a un lado de la pantalla. Ahora ya no se puede cambiar el tamaño de la aplicación.

4. Haga clic en cualquier parte libre de la pantalla para volver a la **pantalla de inicio**.

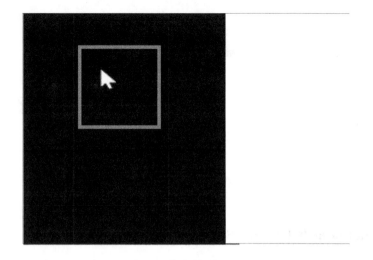

5. Haga clic en la segunda aplicación para abrirla

6. Ambas aplicaciones aparecerá ahora a cada lado de la pantalla.

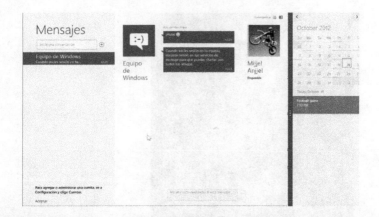

Deshabilitar la Charms Bar y los Hot Corners

Modificar el Registro

Es hora de llamar por primera vez el cuadro de diálogo **Ejecutar (Run)**, a tal efecto, utilice el **acceso directo** o la **Winkey**, escriba **regedit** y pulsa **Intro**. Vuelva a pulsar Intro cuando vea el User account Control prompt.

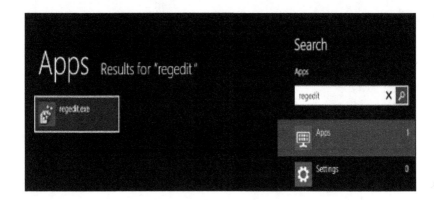

Introduzca la siguiente clave del Registro en el Editor del Registro:
HKEY_CURRENT_USERSoftwareMicrosoftVentanasCurren
tVersionImmersiveShell
Seleccione en la derecha **ImmersiveShell**, vaya a **Nuevo (New)** y
seleccione **Key**.

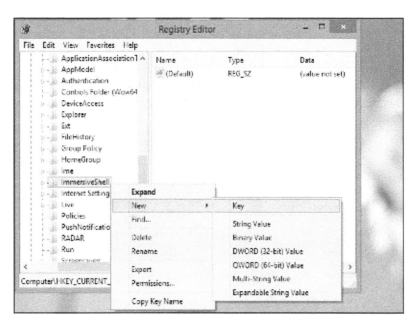

Ponga el título de la clave **EdgeUI** y pulse **Intro**.
Seleccione en la derecha **EdgeUI**, vaya a **Nuevo (New)** y
seleccione Valor **DWORD**.

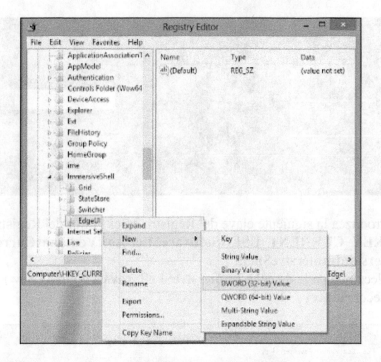

Pulse dos veces el valor **DisableTLcorner**, escriba **1**, y pulsa **intro**. Esto desactivará la **esquina caliente superior izquierda**, en consecuencia, se enciende el conmutador de forma predeterminada.

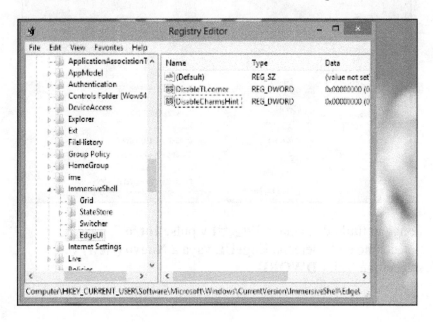

Haga doble clic en el valor **DisableCharmsHint**, escriba **1** y pulse **intro**. Esto eliminará la parte superior e inferior derecha de las esquinas calientes, Que describen la barra de charms por defecto.

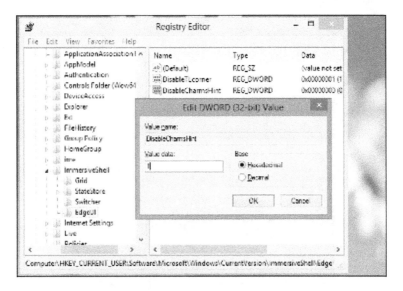

Para restablecer los cambios anteriores y restaurar las esquinas calientes en el futuro, haga clic en los valores **DisableTLcorner** y **DisableCharmsHint** que ha creado y elimínelos.

Desactivar las animaciones en la pantalla de inicio de Windows 8

En muchas ocasiones las animaciones son bastante molestas, tanto para la vista como por el consumo de recursos de nuestro equipo.

Comienzamos con la firma del tipo "Equipo" de la pantalla frontal.
Se llamará a los resultados de inmediato.

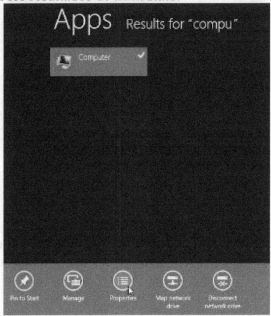

Haz clic derecho y vaya a **Propiedades (Propierties)**.

Ahora vaya a **Configuración Avanzada (Advance Settings)**.

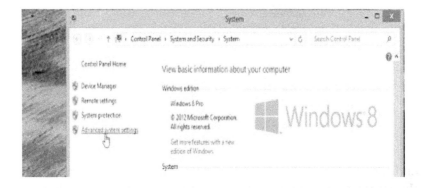

En el Panel de rendimiento, haga clic en los **Ajustes (Settings)**.

En las opciones, sin marcar la primera opción: **Animar controles y elementos dentro de Ventanas (Animate controls and elements inside windows),** pulse **OK**.

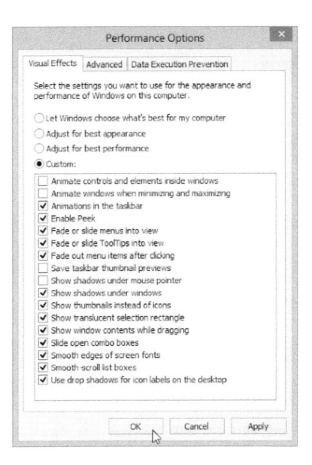

La respuesta de la acción anterior se ve rápidamente, la animación de la pantalla principal y mientras las animaciones de la pantalla de **logging off** están deshabilitadas en el PC. También puede ver que su PC funciona y responde más rápido. Sin embargo, es posible que vea algún tipo de animaciones cuando Windows se apaga. No se pueden Desactivar permanentemente pero de alguna manera puede desaparecer su efecto.

Para ello, la misma necesidad de seguir, desmarca la segunda opción: **Animar ventanas cuando minimizan y maximizan (Animate windows when minimizing and maximizing).** Pero no es muy recomendable debido a de que puede deshabilitar todas las animaciones. La elección depende de usted.

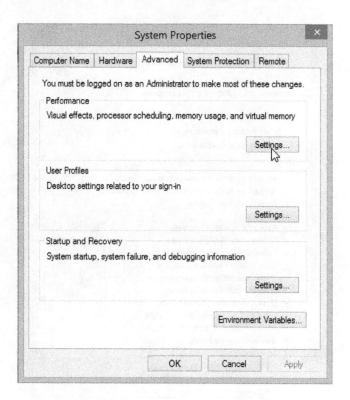

Desactivar las Toaster Notifications en Windows 8

Desactivar Toaster Notifications

El proceso se inicia con el menú de Charms, por lo que inicialmente tiene que llamar a Winkey **Win + C**, y hacer clic en la configuración.

La Vista inferior de la barra lateral muestra el icono de notificación.

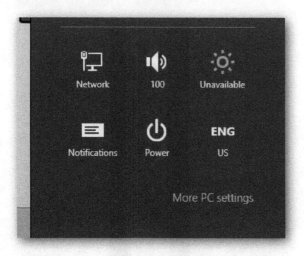

Haz clic en la aplicación de **Notificaciones (Notifications)** para **Desactivarla**.

La cuestión todavía necesita algunos ajustes, ya que, al deshabilitar las notificaciones, todas las demás notificaciones se apagarán. Así que para solucionar esto, pasar al **Cambiar Ajustes de PC (More PC settings)**. Aparecerá el Panel de Control de Metro.

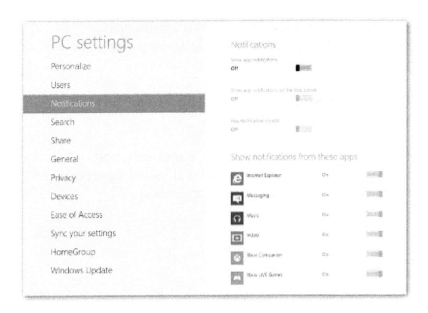

Aquí, podrá ver todo el panel de notificaciones que había sido apagado anteriormente. Ahora podrá habilitarlo paso a paso para cada aplicación.

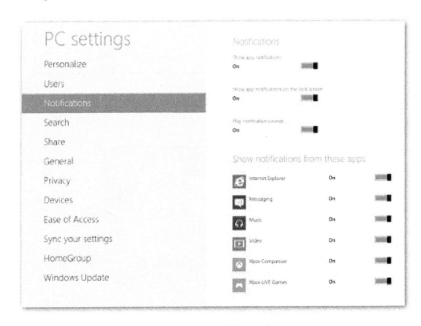

A partir de aquí, si desea desactivar las notificaciones, simplemente irá a la configuración de aplicaciones. Así que ya no tendrá que ver esas notificaciones más veces.

Eliminar el historial de uso de la Aplicación Metro en Windows 8

Windows 8 se ha proyectado con un grupo de nuevas características. Mediante la aplicación Historial App, podemos revisar nuestros patrones de uso de aplicaciones.

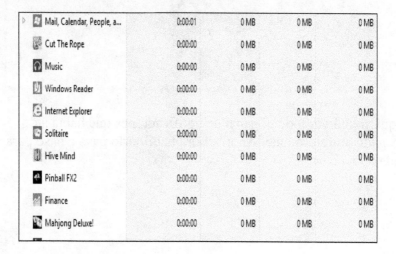

Haga clic derecho en la barra de tareas y seleccione el administrador de tareas en el menú.

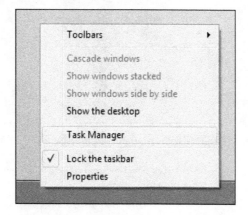

El Administrador de tareas se abrirá simplificado. Ahora lo que hay que hacer es hacer clic en el botón **Más detalles (More details)**.

Ahora vamos al Administrador de tareas Avanzado, y luego vaya a la pestaña **Historial de App (App History).**

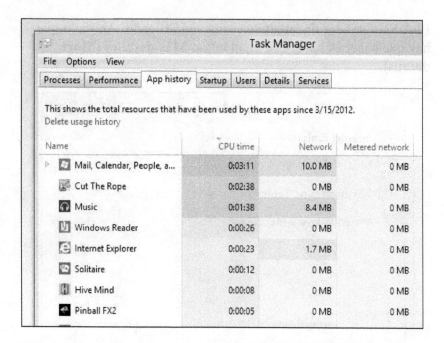

Ahora estás en la parte de la derecha, desde aquí se puede ver la Uso de la PC por cada aplicación. Para eliminar esto, ir a **Eliminar el historial de uso (Delete usage history)**.

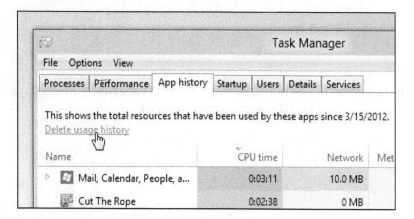

Ahora su actividad ya se han restablecido a cero, es decir, se han eliminado.

Task Manager

File   Options   View

| Processes | Performance | App history | Startup | Users | Details | Services |

This shows the total resources that have been used by these apps since 4/14/2012.
Delete usage history

Name	CPU time	Network	Metered network
▷ 🖼 Mail, Calendar, People, a...	0:00:00	0 MB	0 MB
🎮 Cut The Rope	0:00:00	0 MB	0 MB
🎵 Music	0:00:00	0 MB	0 MB
📖 Windows Reader	0:00:00	0 MB	0 MB
🌐 Internet Explorer	0:00:00	0 MB	0 MB

Esto es todo lo que tiene que hacer para eliminar el historial de uso de la aplicación, y con estas medidas, también puede ver de los límites de uso de aplicaciones, la historia y la lista de aplicaciones usadas recientemente después de haberlo eliminado, para poder chequear el uso del equipo.

Conseguir Temas clásico estilo nuevo en Windows 8

En Windows 8 no se conservan los temas antiguos y/o clásicos, este es un viejo tema que viene desde Windows 2000. Si usted siente que los colores de Windows 8 le molestan, entonces usted tendrá opciones para elegir a sus temas para Windows 8.

Si los temas actuales de Windows 8 no son los que usted desea, sobre todo los colores suaves. Ellos son en realidad son un tema de alto contraste de colores. Microsoft también ha hecho algunos cambios y desactiva el motor de temas clásicos.

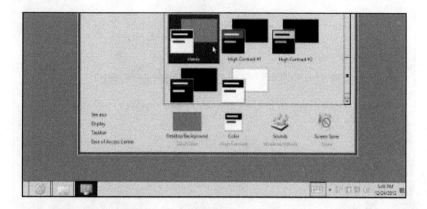

Tema Clásico de Windows
Para ello haremos lo siguiente. En la página web
www.DeviantArt.com existen temas clásico para Windows.

Descargue y descomprima el archivo descargado y extráigalos en
la ruta de C: **WindowsResourcesEase,** en la carpeta **Easy of
Access Themes** del equipo.

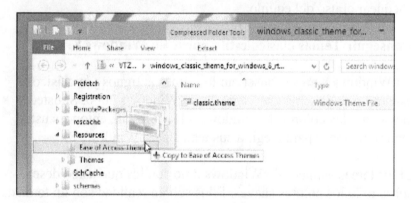

Para revisar los temas, haga clic derecho y vaya a los temas
instalados. Los temas de alto contraste se pueden ajustar en los
temas clásicos. Haga clic sobre él y selecciónelo.

El tema aparecido no es el mismo que el de los temas clásicos,
pero de alguna manera se aproxima mucho a ello.

Personalización de temas o crear su propio tema

Para configurar la combinación de colores del tema de su cuenta, pulse el botón de **Color** después de la elección del tema que ha elegido.

Windows 8 le ofrecer tener un solo color y que sus colores se pueden personalizar opcionalmente.

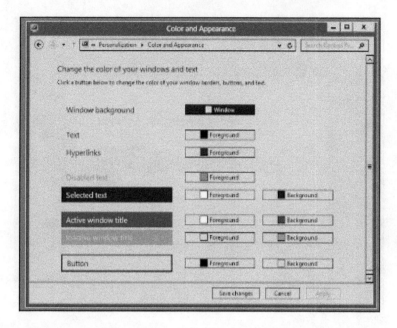

Ha cambiado correctamente su Windows 8 a un tema predeterminado del Windows clásico y ahora también puede establecer si desea un color específico para este tema.

Hacer todo en su pantalla más grande en Windows 8

Ahora, vamos a ver algunos puntos para el aumento del tamaño de todo lo que se muestra en la pantalla. Si tiene problemas para ver las cosas en su Windows 8, entonces usted puede hacer que todos los objetos más grandes.

Hacer todo en su pantalla más grande

El Panel de control de metro se utiliza para modificar el tamaño de todo en la pantalla. Para llegar allí, basta con utilizar las teclas de acceso directo como I + combinación de teclas para llegar a la **Configuraciones del PC**.

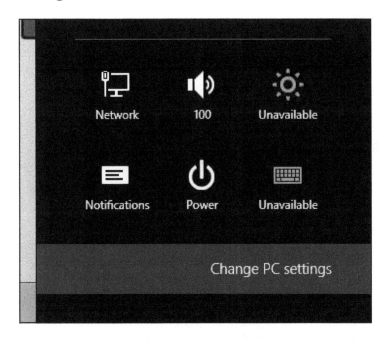

Después de abrir el Panel de Control de Metro, vaya a la **Easy of Access (Accesibilidad)**.

Marcamos **Hacer todo grande en la pantalla (Make everything on your screen bigger)**, que aparece en el lado derecho de la pantalla, y haga clic sobre ella para activarla.

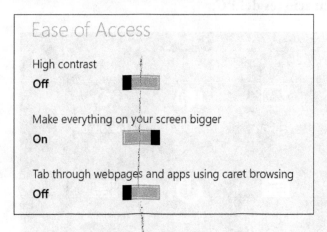

Si desea restaurar la configuración anterior, sólo tiene que seguir los mismos pasos, pero al final tendrá que desactivar esta opción. Así que ahora todas las cosas en el escritorio de Windows 8 se verán más grande.

Agregar el icono Equipo en el escritorio de Windows 8 y el menú Inicio

Método 1
El único icono que aparece en Pantalla de Inicio de Windows 8 después de nueva instalación exitosa es el icono de Papelera de reciclaje. Aunque para acceder a los ficheros tenemos también el acceso directo de Windows Explorer, la mayoría de los usuarios de Windows todavía desean acceder a las carpetas y ficheros desde el icono de acceso directo de **Equipo (Computer).**

La creación de un icono de acceso directo a **Equipo** en el escritorio de Windows no es una tarea complicada. Sólo había que abrir el Menú **Inicio**, Haga clic en la opción ordenador y haga clic en **Enviar** al escritorio y el icono aparecería en su escritorio. Con la ausencia de menú **Inicio** convencional en Windows 8, ahora tienes que ir al icono de escritorio de configuración para crear el acceso directo **Equipo**.

Paso 1: En el escritorio de Windows 8, haga clic en **Personalizar**.

Paso 2: Aparecerá una opción diciendo **Cambiar iconos del escritorio (Change desktop icons)**, haga clic sobre ella para iniciar el cuadro de diálogo **Configuración de icono de escritorio.**

Paso 3: En la pestaña de iconos del escritorio, marque la casilla de Equipo **(Computer)**. Ahora el icono de **Equipo** se mostrará en el escritorio tan pronto como se apliquen los cambios.

Método 2

El icono Mi PC se utiliza para abrir el Explorador de archivos o Explorador de Windows, que nos indica las unidades de disco duro instalado, los accesorios con un espacio de memoria extraíble. También se muestra el área de almacenamiento disponible en cada unidad de disco.

Hay dos iconos importantes sin las cuales el escritorio parece incompleto en Windows. Uno de ellos es el icono de Mi PC y el segundo es Papelera de reciclaje. En general, los usuarios no les gusta abrir el Explorador de archivos o el Explorador de Windows en Windows 8 utilizando las teclas de acceso rápido **Windows + E**, pero aún así, un gran número de usuarios inician el Explorador de Windows o Explorador de archivos mediante el doble clic del ratón sobre el icono del ordenador que aparece en su escritorio. Los usuarios de Windows 7 o Windows 8 no pueden ver el icono de la computadora en sus computadoras de escritorio por defecto, pero se puede mostrar este icono en el escritorio mediante la implementación los siguientes pasos que veremos a continuación para agregar fácilmente el icono Mi PC al escritorio de Windows 8.

Como usted sabe, el anterior Menú **Inicio** ha sido sustituido por la pantalla de inicio de Windows. Una vez que haya iniciado sesión en Windows 8, el primer componente que observará en el escritorio será la pantalla de inicio. Esta característica se ha incluido para explorar los archivos, aplicaciones instaladas, la

configuración y para navegar de con una amplia gama de información a través de los azulejos en vivo que aparecen en él. Los usuarios de Windows 8 pueden desear agregar icono de **Equipo** a la pantalla de inicio para una pronta puesta en marcha del Explorador de archivos. A pesar de que es más fácil de abrirlo con las teclas **Windows+E**, pero a algunos usuarios les gustaría utilizar el ratón para abrir el Explorador de archivos y es posible que desee agregar el icono de **Equipo** en su pantalla de inicio.
Pasos para agregar Mi PC a la pantalla de inicio de Windows 8
Paso 1: Abre el Explorador de archivos o el Explorador de Windows mediante teclas **Windows + E**. También puede abrir el Explorador de archivos, haciendo clic en el icono del Explorador de archivos se encuentra en la barra de tareas o simplemente abrir otra carpeta.

Paso 2: Verá dos paneles en la ventana actual. Sólo tiene que hacer clic derecho en el icono **Equipo (Computer)** que puede ver en el panel izquierdo. Usted verá la opción **Pin to Start**. Simplemente haga clic en ella y una nueva ficha **Equipo** se agregará a la pantalla Inicio.

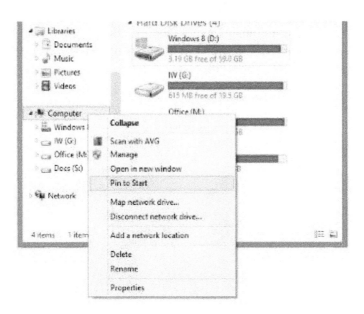

Paso 3: Ahora verás que aparece la ficha **Equipo** en la pantalla de inicio. Si desea ajustar la posición del azulejo **Equipo** en el inicio de la pantalla de inicio, se puede mover haciendo clic y manteniendo el azulejo y luego moviéndolo al lugar deseado de la pantalla de Inicio y, finalmente liberarlo para colocarlo allí .
Por otra parte, algunos usuarios prefieren utilizar un icono personalizado para el azulejo de Equipo y para personalizar su color de fondo. Puede realizar estas tareas mediante de el uso de un software de terceros que se conoce como **OblyTile**.

Obtener el menú Inicio clásico en Windows 8 con ViStart

Si el nuevo tipo de pantalla de Windows 8 le molesta, entonces aquí hay algunos pasos sobre cómo obtener el menú de inicio de estilo clásico.
En la vista previa de los desarrolladores, se puede quitar el estilo metro quitando el archivo shsxs.dll, pero esto no se puede hacer con la vista previa del Consumidor. Ahora metro está unido con Explorer.exe en sí.
Crear una barra de herramientas del menú Inicio

La barra de herramientas se puede crear en la carpeta de contenido de la barra de tareas. También puede instalar un pseudo-menú **start** sin la ayuda del otro software. Basta con una barra de herramientas con la cabeza apuntando a la carpeta **Program** del menú Inicio. Haga clic derecho sobre la barra de tareas del escritorio, vaya a la barra de herramientas y elija la opción **Nueva barra de herramientas (New Toolbar)**.

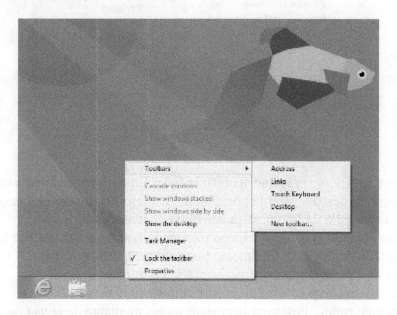

Ahora copia el siguiente enlace y péguelo en la carpeta de Windows:
% ProgramData% MicrosoftWindowsStart MenuProgram

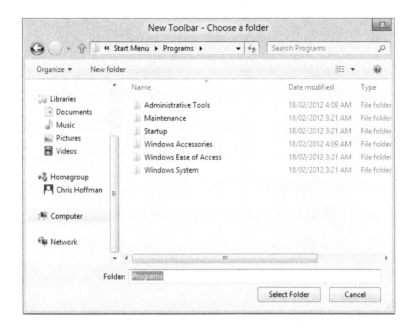

Ahora seleccione una ubicación y haga clic sobre el botón **Seleccionar carpeta**, se encontrará en el menú Programas de la barra de tareas.

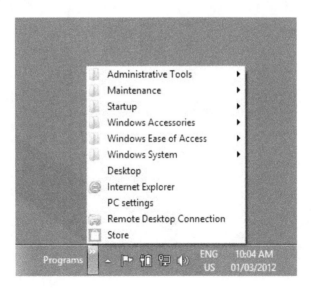

Ahora haga clic derecho en la barra de tareas para seleccionar el proceso de desbloqueo **bloquear la barra de tareas (Lock the taskbar)**.

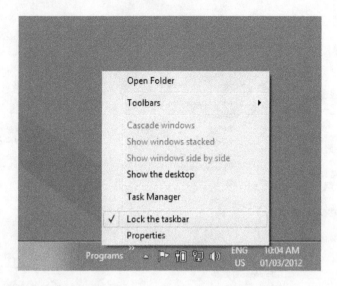

Ahora haga un lugar para la barra de herramientas arrastrándolo y
soltándolo en la pantalla, la ubicación más tradicionalmente es el
lado izquierdo para la ubicación del menú de inicio.

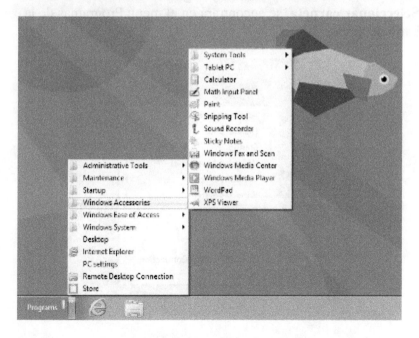

Para cambiar el nombre de los programas u ocultarlos, haga clic
derecho en sobre el programa. El menú de inicio, muestra las

capturas de los datos de acceso directo de dos lugares, uno de todo el sistema de datos del programa y la otra es la carpeta del programa por usuario:

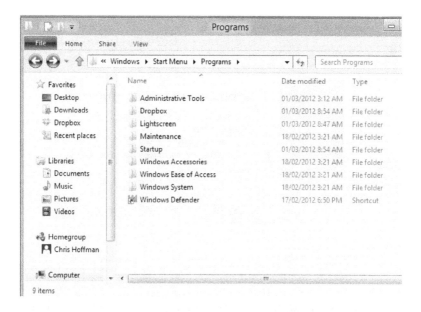

% AppData% MenuPrograms MicrosoftWindowsStart
De esta manera queda claro que Windows Defender y otros accesos directos no pueden aparecer en el menú de la barra de herramientas.

Por su cuenta, también puede crear más barras de herramientas, usando el **AppData% ubicación% a la ubicación% ProgramData%.**

Otra forma redonda es crear una carpeta personalizada llena de programas de atajos y hacer una carpeta en punta en su lugar. **Instalar ViStart, un botón de inicio de otros fabricantes ViStart** ha sido planeado paso a paso para sustituir el botón de inicio. Este fue básicamente el concepto del botón de inicio de Windows 7 a Windows XP, por lo que es, finalmente, el seguimiento del botón **Inicio** de Windows 7. También puede funcionar en Windows 8.

Vamos a ver la instalación de **ViStart**:

Tras el final de la carga, veremos a la izquierda de la pantalla un Windows 7 con estilo orbe.

Al hacer clic en un mismo estilo Windows 7, el viejo menú aparecerá en la pantalla, que funciona igual que el de Windows 7. También hará una lista de aplicaciones.

Si desea personalizarla, haga clic derecho sobre el icono de la bandeja **ViStart** y vaya a las opciones.

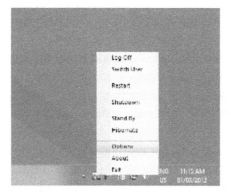

También puede hacer cambios para el navegador, cliente de correo electrónico, y algunas otras aplicaciones.

Lo sorprendente es que, la tecla windows trabajará ahora para el **ViStart** no para la pantalla de inicio Metro-Style.

La Pantalla de inicio se puede abrir y navegar con el cursor a la esquina inferior izquierda de la pantalla o moviendo el menú Charms en las esquinas superior o inferior derecha del escritorio.

Añadir Botones de Apagar, Reiniciar, Hibernar en Windows 8

Cerrar ventanas era una tarea muy simple y fácil en las versiones anteriores de Windows. Se puede hacer clic en el botón de Inicio en escritorio y haciendo clic en el apagado o haciendo clic en el pequeño botón rojo (el botón de apagado).

En Windows 8, es necesario realizar algunos pasos más que en las versiones anteriores de Windows. Microsoft hizo algunos cambios en la menú de Windows 8, el menú de apagado en las versiones anteriores contienen apagar, reiniciar, hibernar, y suspender, pero ahora en Windows 8 se están eliminando estas opciones y las nuevas opciones se muestran en la barra Charms. Ahora se puede acceder a estas opciones moviendo el cursor a la esquina superior derecha y seleccionando los ajustes.

En Windows 8, los usuarios pueden tener acceso a todas las opciones en un menú contextual, puedan acceder a este menú pulsando **Win+X** o pueden descargar el programa **ViStart** para convertir su pantalla de inicio a un estilo similar al de las versiones anteriores de Windows. Teclas **Alt + F4** puede hacer esto también.

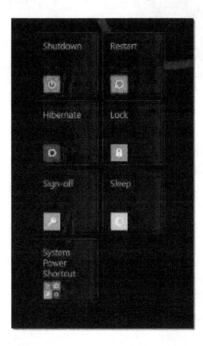

El **System Power Shortcut** es una pequeña herramienta que ayudará al usuario a realizar algún cambio en el pantalla de inicio, y poder acceder a las opciones correctas a partir de ahí. Este agregará estos botones para la pantalla de inicio. De todos modos, si quieres eliminarlos simplemente haga clic derecho en ese botones y seleccione **Liberar** de la opción Inicio. Esta opción funciona con los sistemas **x86 y x64**.

Saltar la Metro UI en el inicio de Windows 8 y vaya a la pantalla de escritorio
La Pantalla de Inicio estilo de Metro se mostrará cada vez que el sistema ha autentificado la sesión. Usar el escritorio como pantalla de Inicio será la mejor opción para aquellos usuarios que utilizan **ViStart** o **Start8**, pero también puede útil cuando se utiliza el escritorio la mayor parte del tiempo. Pulse las teclas **Win+D** en la pantalla de Inicio Metro Style para llegar rápidamente al escritorio.

Crear el acceso directo
Comience con el lanzamiento del **Bloc de notas**. Para ello, vaya hasta la Caja **Ejecutar** y escriba **notepad.exe** y pulse **enter**. Copie lo siguiente:

[Shell]
Comando = 2
IconFile = Explorer.exe, 3
[Barra de tareas]
Command = ToggleDesktop

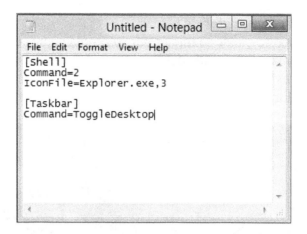

Guarde el fichero con la extensión **.scf**. llame al archivo como
ShowDesktop.scf.

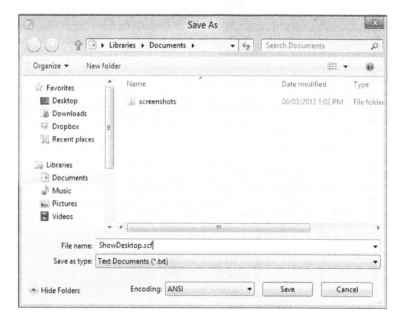

En el área de inicio rápido verás el acceso directo denominado
como **ShowDesktop (MostrarEscritorio)**. Este es el mismo tal
como es.

Usando el Programador de tareas

El acceso directo puede se iniciar por su propia cuenta cuando se hace programa con la ayuda del **Programador de tareas (Schedule tasks)**. Para abrir el **programador de tareas**, escriba el **Programador** en la buscador de Windows y pulse **enter**.

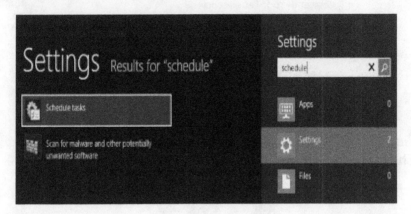

En el lado izquierdo de la pantalla, haga clic sobre **Programador de tareas**.

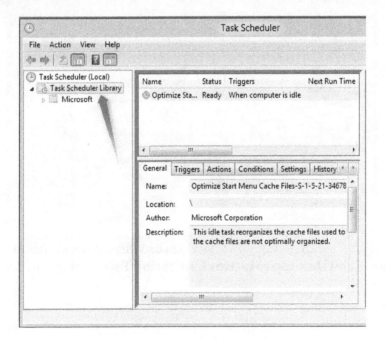

Haga clic en la derecha en la **Creación de una nueva tarea (Create New Task...)**.

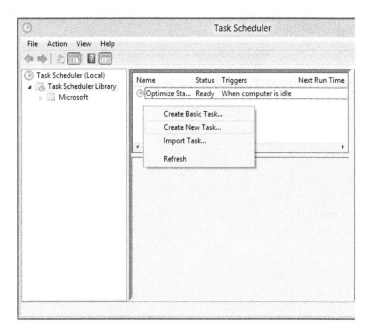

Ahora vemos la pestaña **General**.

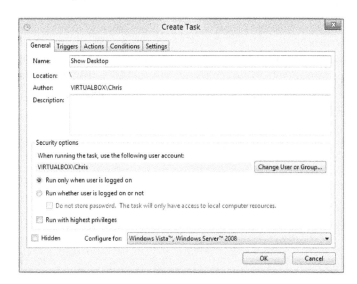

Pulse sobre la pestaña de **Desencadenantes (Triggers)**. Se nos abre una ventana con el **Nuevo Desencadenante (New Trigger)**, donde elegiremos la tarea como **"al iniciar Sesión" (At log on)** y luego pulse el botón **OK**.

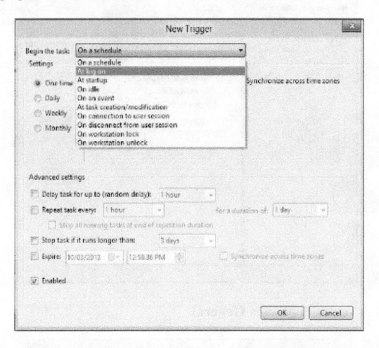

Elija una nueva acción dentro de la pestaña **Acciones (Actions)**. Elija la acción en el **"inicio de un programa" (Start a program)**. Para esto puede ser que necesite la ayuda del botón **Examinar (Browse),** en este caso elegiremos el Script que creamos antes **ShowDesktop.scf** y luego pulsamos **Aceptar**.

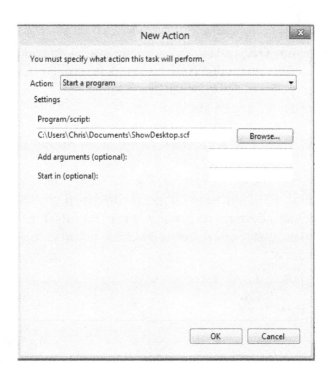

Ahora vamos hasta la pestaña **Condiciones (Conditions)** y desmarcamos la casilla **"Iniciar la tarea sólo si la computadora tiene alimentación CA" (Start the task only if the compute is on AC power)**. Es necesario que usted ponga esta condición, de lo contrario el escritorio no funciona si el equipo portátil está funcionando con la batería.

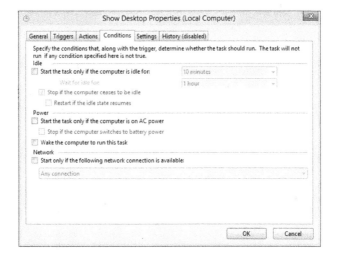

Ahora pulsemos **OK**, cada vez que inicies sesión, tu pantalla del escritorio será a sólo un clic de distancia. Este proceso no es muy recomendable. Estos ajustes surtirán efecto en el explorador de Windows cada vez que se inicie sesión.

Hacer una carpeta de archivos seleccionados de Windows

Un simple vistazo sobre la carpeta **File 2 Folder** nos ayudará con esto. Windows Explorer tiene un menu contextual que establece algunas opciones después de instalar la carpeta **File 2**. Extraemos el fichero y ejecutamos el fichero ejecutable (.exe) como Administrador

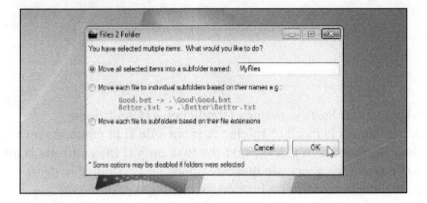

Espere a que el cuadro de diálogo de Control de cuentas de usuario aparezca y luego pulse **Sí** para continuar.

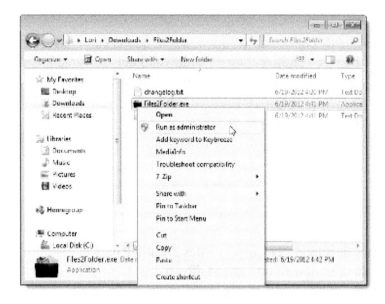

Shell Extension le pedirá el permiso a usted. Haga clic en **Sí** para continuar.

El mensaje de confirmación que muestra que la carpeta **File 2 Folder** ha sido añadida al menú contextual del Explorador de Windows. Pulse Aceptar para cerrar el cuadro de diálogo.

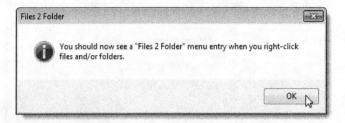

Después de agregar la Carpeta **Files 2 Folder** para el menú contextual, se agrega un acceso directo que tiene el .exe que le permiten anular el registro de las extensiones de Shell.

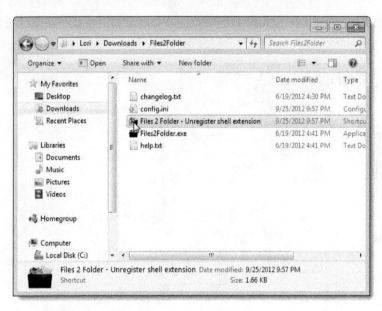

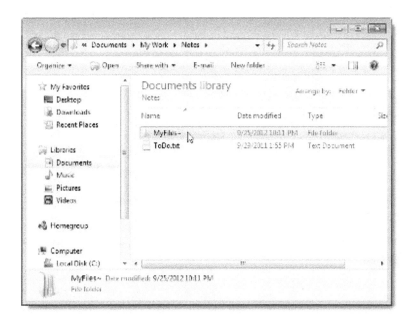

Eliminar las Alertas de las Aplicaciones Metro de la ventana de Log Off de Windows 8

Algunas notificaciones de las apliaciones quedan atascadas en Windows 8. Para resolver este problema, haremos esto:

Para limpiar las notificaciones en el Log Off de Windows 8 haremos lo siguiente:

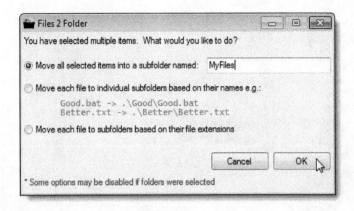

Estos pasos los veremos explicados con la ayuda de las siguientes imágenes.

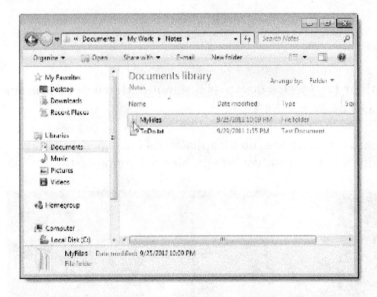

Puedes poner cualquier carpeta dentro de otra carpeta. Para hacer esto, necesitarás hacer clic derecho sobre la carpeta, y moverla hacia la carpeta File 2 Folder. Con ello, la carpeta se moverá con el mismo nombre añadiéndole el símbolo ~ al final.

Ahora le aparecerá un mensaje de confirmación. Haga clic en **OK**.

Para mover el archivo de una carpeta a otra, haga clic derecho sobre los archivos y haga clic en el menu contextual donde pone el nombre de la carpeta **Files 2 Folder**.

El archivo será enviado con el mismo nombre sin copiarlo.

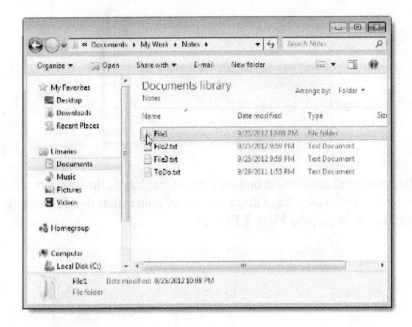

Para mover muchos archivos, selecciónelos y llámelos a la carpeta Files 2 Folder, aparecerá un mensaje de confirmación. Mueva todos los archivos seleccionados y pulse OK con las opciones que le preguntarán al mover todos los ficheros a la nueva carpeta con la caja de Diálogo de Edición.

Para mover los archivos a otra carpeta, elija la segunda opción, y mueva cada una de las bases individuales.

Para mover ficheros de diferentes extensions, seleccione la tercera opción y muévalos a la base de **file extensions.**

En todos los casos mencionados, todos los ficheros serán movidos automáticamente a sus carpetas

Llamaremos a **Ejecutar (Run)**, para ello podemos hacerlo mediante la combinarios de teclas **Win+R** y escribimos lo siguiente: **gpedit.msc**.

Luego vaya a la siguiente Ruta:
User Configuration\Administrative Templates\Start Menu and Taskbar

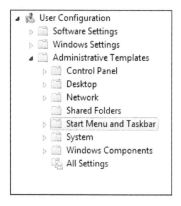

Verá en la parte derecha "**Clear History of Notifications on exit**", haga clic sobre él.

Setting	State
Notifications	
Push Notifications	
Add "Run in Separate Memory Space" check box to Run dialog box	Not configured
Add Logoff to the Start Menu	Not configured
Add Search Internet link to Start Menu	Not configured
Add the Run command to the Start Menu	Not configured
Change Start Menu power button	Not configured
Clear history of recently opened documents on exit	Not configured
Clear history of tile notifications on exit	Not configured
Clear the recent programs list for new users	Not configured
Do not allow pinning items in Jump Lists	Not configured
Do not allow pinning programs to the Taskbar	Not configured
Do not allow taskbars on more than one display	Not configured

Marque el botón **"Enabled"** y pulse **OK**.

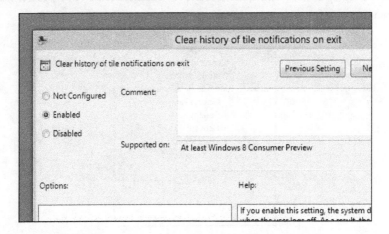

Ahora vamos a forzar esta Directiva para su PC, para ellos
pulsamos **Win+R** y escribimos: **gpupdate /force**.

Apartir de ahora, sus notificaciones desaparecerán de la cache para vez que reinicie su session.

Hacer actulizaciones de imágenes personalizadas en Windows 8

Ahora vamos a ver como podemos establecer el **custom refresh image**. Esto nos permitirá tener nuevas imágenes cada vez que actualizamos nuestra pantalla.

Al actualizar la pantalla, todas aplicaciones descargadas como tal y todas la aplicaciones Metro siguen estando igual. Mientras todas las aplicaciones seleccionadas como "Non-Metro Apps" son eliminadas.

Para aquellos que se sienten molestos debido a esto, pueden arreglar esto teniendo una imagen de renovación como las que tienen todas las aplicaciones instaladas.

Haga clic derecho en la esquina izquierda de la pantalla y acceda al Símbolo del Sistema en el menú contextual.

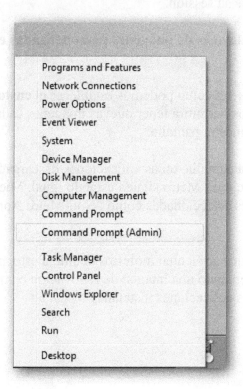

Para configurar la imagen de actualización usaremos recimg.exe:
recimg / createImage C:\CustomRefreshImagesImage1

Estamos utilizando una subcarpeta, la lógica que hay detrás de esto es que podemos poner imágenes un poco diferentes y fáciles de cambiar, para establecer otra imagen podemos hacer esto:

recimg / createImage C:\CustomRefreshImagesImage2

La creación de una imagen con el parámetro / / **createImage**, esta imagen se carga por defecto. Para las imágenes múltiples, puede seleccionar la imagen más active con el parámetro / **setCurrent**.

recimg / setCurrent C:\CustomRefreshImagesImage1

Para la imagen más reciente, utilice el comando de parámetro / /
showcurrent.

Así es como se puede establecer una o múltiples imágenes de
actualización de la pantalla.

La función Buscar

Cuando lleve un tiempo usando su sistema operativo, comenzará a
tener más y más archivos, como música, fotos, y todo tipo de
documentos. Muchas veces nos parece imposible encontrar el
archivo que queremos encontrar. Incluso puedes llegar a tener
problemas para encontrar una aplicación específica, ya que
Windows 8 ha modificado todo su entorno gráfico. Por ello,
Windows 8 incorpora una función de búsqueda, que nos ayudará a
encontrar los archivos, aplicaciones, o casi cualquier otra cosa en
nuestro equipo.

Buscar desde la pantalla de inicio

• En la **pantalla de inicio**, escribes lo que estás buscando, así de fácil. Tendrás los resultados de tu búsqueda al instante. Estos aparecerán en la parte izquierda de la pantalla y las demás opciones de búsqueda aparecerán a la derecha.

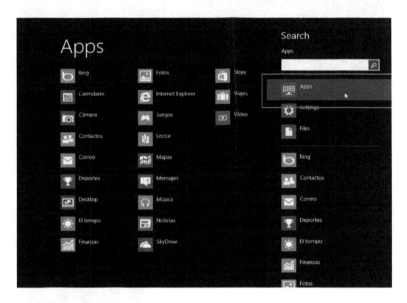

Otras opciones de búsqueda

Por defecto, Windows 8 buscará las aplicaciones que se ajusten a su búsqueda. Sin embargo, puede seleccionar diferentes opciones de búsqueda en la parte derecha de la pantalla para encontrar los archivos que necesite, configuraciones o realizar búsquedas en aplicaciones:

• Puede buscar una **configuración o archivo**.

• También puede utilizar otra aplicación específica para buscar. Por ejemplo, puede buscar la aplicación **Contactos** para encontrar información de contacto de un amigo que haya guardado.

Buscar desde el escritorio

Si estás en el escritorio, primero deberás pulsar la tecla de Windows para ir a la **pantalla de inicio** y y escribir lo que deseas buscar.

Buscar en una Tableta

Si estás utilizando una tableta, puedes buscar deslizándote por la derecha, y luego seleccionar la búsqueda en la **barra Charms**. Ahora, ya puedes escribir lo que estás buscando.

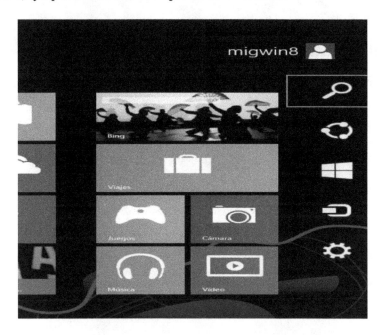

Ver la configuración de personalización

Al pasar la mayoría del tiempo en la **pantalla de inicio**, lo normal será que lo personalice a su gusto para obtener una mejor experiencia con Windows 8. Ahora, le mostraremos diferentes maneras de personalizar su **pantalla de inicio**, como cambiar la imagen de fondo y el color, ordenar sus aplicaciones, fijar otras aplicaciones o crear grupos de aplicaciones.

1. Abra la **Charms Bar** y seleccione **Configuración** de la **barra Charms.**

2. Haga clic en **Cambiar la configuración del PC (Change PC Settings)**.

3. Sus ajustes aparecerán en el lado derecho de la pantalla.

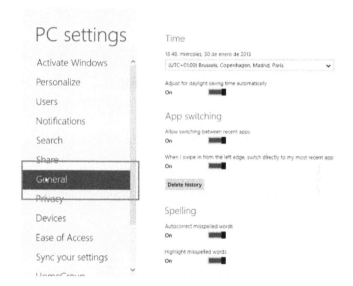

Cambiar la imagen de la pantalla de bloqueo

Windows incorpora por defecto varias imágenes, como las que incluye en la galería de imágenes, que son muy atractivas, pero igual usted puede querer cambiar la imagen que viene por defecto por otra de la galería de Windows o por alguna otra imagen propia de usted, para que su sistema tenga el aspecto que usted desee.

1. Dentro de la configuración, vaya a **Personalización (Personalize)** y seleccione **Bloquear (Lock Screen)** pantalla en la parte superior de la pantalla.

2. Seleccione la imagen que desee de la lista de miniaturas (thumbnails). Si no le gustan las miniaturas de la galería de Windows, también puede hacer clic en **Examinar** y seleccionar una de sus propias imágenes.

La **pantalla de bloqueo** aparece cuando en el equipo está bloqueado, y esto sucede automáticamente cuando llevamos unos minutos de inactividad. También puede bloquear su equipo haciendo clic en el nombre de cuenta y seleccionando **Lock**.

Cambiar el fondo de la pantalla de inicio

De igual manera que con la **pantalla de bloqueo**, también
podemos cambiar la imagen de la **pantalla de inicio**, ya que es,
posiblemente, el sitio donde más parte del tiempo estaremos, estará
bien que tenga el aspecto que deseamos.

1. Dentro de la configuración, vamos a **Personalización
(Personalize)** y seleccione **Pantalla de inicio (Start Screen)** en la
parte superior de la pantalla.

2. Seleccione la imagen de fondo y el color que desee.

Windows 8 no le permite utilizar ninguna de sus propias fotos como fondo de pantalla Inicio.

Cambiar la imagen de la cuenta
Siguiendo la línea de personalización que ofrece Windows 8, también podemos cambiar la imagen de nuestra cuenta de usuario.
1. Dentro de la configuración, vaya a **Personalización (Personalize)** y seleccione **Imagen de cuenta (Account Picture)** en la parte superior de la pantalla.

2. Haga clic en **Examinar (Browse)**.

3. Para utilizar una foto de su **SkyDrive**, haga clic en la carpeta de **SkyDrive**. Para seleccionar una carpeta de su equipo, haga clic en la flecha hacia abajo en la parte superior de la pantalla y seleccione una ubicación diferente.

4. Cuando haya seleccionado una foto, haga clic en **Seleccionar imagen (Choose Image).**

Si su equipo o tableta tiene una cámara incorporada, puede hacer clic en **Cámara (Camera)** para hacerse una foto de sí mismo y usarla como la imagen de su cuenta.

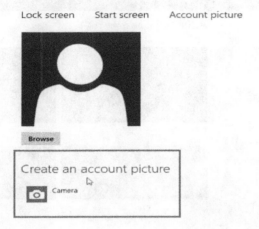

Personalizando sus aplicaciones de la pantalla de inicio
Si no te gusta la forma en que sus aplicaciones se organizan en la
pantalla de inicio, puede ordenarlos moviéndolos a la ubicación
que desee. También puede encontrar que los azulejos en vivo
animados le distrae demasiado, y es muy fácil desactivarlos para
que se muestre con un fondo liso y sin animaciones.

Mover una aplicación:
1. Haga clic, mantenga y arrastre la aplicación a la ubicación
deseada.

2. Suelte el ratón. La aplicación se moverá a la nueva posición.

Activar/Desactivar un Azulejo
1. Haga clic en la aplicación que desea cambiar.

2. Una barra de herramientas aparecerá en la parte inferior de la pantalla. Haga clic en **Activar azulejo Off (Turn live tile off)**, y los azulejos cambiarán a un fondo liso.

Fijar aplicaciones a la pantalla de inicio
Por defecto, la **pantalla de inicio** no muestra todas las aplicaciones de su equipo. Sin embargo, es fácil de definir cuales van a ser sus aplicaciones favoritas para la **pantalla de inicio** para así poder abrirlos rápidamente.

Fijar una aplicación a la pantalla de inicio
1. Haga clic derecho en cualquier parte del fondo de la **pantalla de inicio**.

2. Aparecerá un menú en la parte inferior de la pantalla. Haga clic en **Todas las aplicaciones (All apps)** para ver todas las aplicaciones instaladas en el equipo.

3. Busque y haga clic en la aplicación que desea fijar.

4. En la parte inferior de la pantalla, haga clic en **Anclar a Inicio (Pin to Start)**.

5. Haga clic en la esquina inferior izquierda para volver a la pantalla inicial. Su aplicación ahora aparecerá en la **pantalla de inicio**.

Desanclar una aplicación desde la pantalla de inicio
1. En la **pantalla de inicio**, haga clic en la aplicación deseada.

2. En la parte inferior de la pantalla, haga clic en **Liberar de Inicio (Unpin from Start)**. La aplicación desaparecerá de la **pantalla de inicio**.

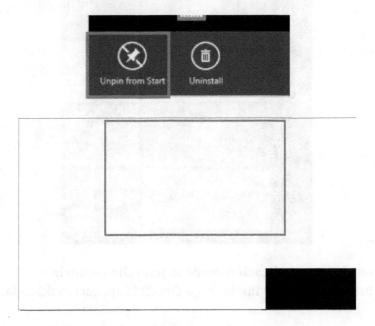

Creación de grupos de aplicación

Para mejorar la organización de sus aplicaciones, puede juntar sus aplicaciones en grupos. También puede nombrar sus grupos, y cada grupo mostrará su nombre en la parte superior.

Crear un **Nuevo** grupo de aplicaciones:

1. Haga clic, mantenga y arrastre una aplicación hasta que esté en un área vacía de la **pantalla de inicio**.

2. La aplicación estará ahora en su propio **grupo de aplicación**, y podrá ver un espacio entre el nuevo grupo y los otros grupos. Este espacio se ha creado para separar visualmente los diferentes grupos.

ESPACIO ENTRE
GRUPOS

3. Ya puede mover más aplicaciones al nuevo **grupo de aplicaciones**.

MOVER APLICACIONES AL NUEVO
GRUPO

Nombrar un grupo de aplicaciones

Para poder diferenciar los diferentes grupos que tendrá en la **pantalla de inicio**, podrá asignarles un nombre para poder diferenciarlos de una manera más eficiente y rápida. Para ello:

1. Haga clic en la esquina inferior derecha de la pantalla para disminuir con el zoom.

2.   Todas sus aplicaciones de la **pantalla de inicio** aparecerán como pequeños iconos organizados en grupos. Haga clic en el grupo que desee.

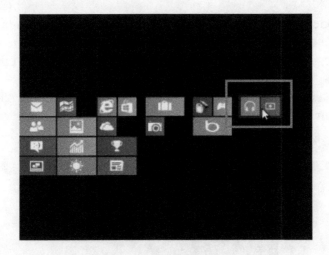

3. En la parte inferior de la pantalla, seleccione **Nombre del Grupo (Group Name)**.

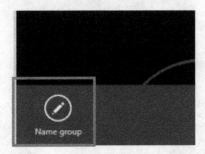

4.   Escriba el nombre que desee. Los nombres cortos suelen funcionar mejor, así que trate de usar una sola palabra dentro de lo posible. Haga clic en **Nombre (Name)**.

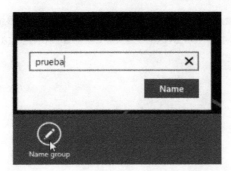

5.   Haga clic en cualquier parte de la **pantalla de inicio** para volver a la vista normal. Verá que el nuevo nombre aparecerá por encima del grupo de aplicaciones.

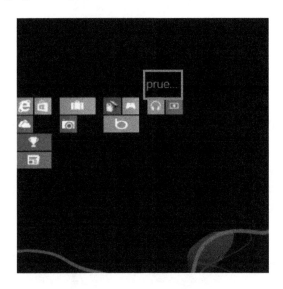

LAS APLICACIONES EN WINDOWS 8

A partir de ahora vamos a tener dos tipos de aplicaciones. Las aplicaciones de **escritorio** y las aplicaciones de la **pantalla de inicio**. Ambas aplicaciones pueden convivir intercambiando datos e interfaz dependiendo de la vista que tengamos, ya sea la vista **escritorio** o la vista **pantalla de inicio**. Por ejemplo, la aplicación Música de la **pantalla de inicio**, carga los archivos de música locales desde la carpeta Música de la biblioteca de Windows, a la cual accedemos desde la aplicación de **escritorio** el explorador de archivos.

Aplicaciones del Escritorio

Mientras que muchas aplicaciones funcionan exclusivamente en la **pantalla de inicio**, también necesitará saber cómo abrir aplicaciones en la vista de escritorio. Si ha utilizado versiones anteriores de Windows, ya deberá de estar acostumbrado a este entorno, ya que es el más utilizado en todas las versiones de Windows.

Abrir una aplicación en el escritorio

Hay dos formas de abrir una aplicación en la vista de Escritorio:

•   Haga **clic** en el icono de la aplicación en la **barra de tareas**.

•   Haga **doble clic** en el **acceso directo** de aplicación en el escritorio.

Por defecto, sólo algunas aplicaciones tendrán los iconos de la barra de tareas. Usted podrá fijar sus aplicaciones favoritas a la barra de tareas, lo que creará un acceso directo a la aplicación en la vista de escritorio.

1.   Haga clic derecho en cualquier parte de la **pantalla de inicio** y aparecerá un menú en la parte inferior de la pantalla. Haga clic en el botón **Todos los programas (All apps)**.

2.   Busque y haga clic en la aplicación que quiera abrir.

3.   Aparecerá un menú en la parte inferior de la pantalla. Haga clic en **Anclar a la barra de tareas (Pin to taskbar).**

4.   El icono de la aplicación aparecerá en la barra de tareas.

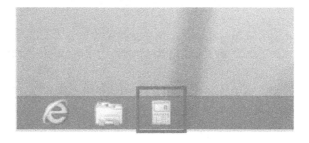

Hay aplicaciones que no se pueden fijar en la barra de tareas. Hay aplicaciones que están diseñadas para ejecutarse solamente desde la **pantalla de inicio**, como **Correo** y **Calendario**, estas sólo se pueden fijar a la **pantalla de inicio**.

Usar los nuevos efectos del escritorio

Windows 8 utiliza varios efectos de escritorio que hacen que sea más fácil para trabajar con varias ventanas al mismo tiempo. Antes se les llamaba efecto **Aero** en versiones como Windows Vista y 7. Los nuevos efectos de escritorio son **Snap**, **Peek**, **Shake** y **Flip**.

Snap le permite cambiar el tamaño de las ventanas abiertas rápidamente, está pensado para cuando se trabaja con varias ventanas al mismo tiempo.

1.   Haga clic, mantenga y arrastre la ventana deseada a la izquierda o a la derecha hasta que el cursor llegue al borde de la pantalla.
2.   Suelte el ratón. La ventana se encajará en su lugar.

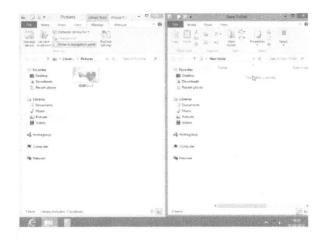

3. Para desencajar la ventana, haga clic y arrastre la ventana hacia abajo y luego suelte el ratón.

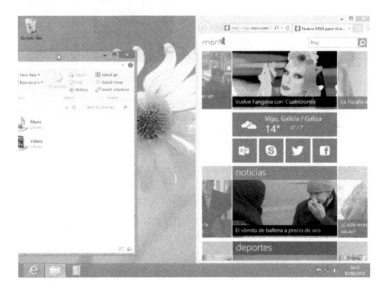

Ver una vista previa de miniatura con **Peek**

1. Pase el ratón sobre la ventana de la vista previa en miniatura.

2.   Aparecerá una versión en tamaño completo de la ventana. Seleccione la vista previa en miniatura para abrir la ventana o haga clic en la X para cerrar la ventana de la vista **Peek**.

Cuando su escritorio tiene demasiadas ventanas abiertas, puede usar **Shake** para seleccionar una sola ventana y minimizar el resto.

1.   Busque y seleccione la ventana que desee abrir.
2.   Agite suavemente la ventana de un lado a otro. Todas las demás ventanas se minimizan.

3.   Agitar de nuevo la ventana y las ventanas minimizadas se volverán a abrir.

Puede utilizar **Flip** para desplazarse por una vista previa de las ventanas abiertas. Las aplicaciones abiertas en la **pantalla de inicio** también verán en la vista previa de **Flip**. Mientras **Snap, Peek, Shake** están diseñados para trabajar exclusivamente en vista de Escritorio, **Flip** funciona del mismo modo tanto en la **pantalla de inicio** y como en la **vista de escritorio**.

1.   Pulse y mantenga pulsada la tecla **Alt** y presione la tecla **Tab**. Y verá como aparece la vista previa de **Flip**.
2.   Mientras mantiene pulsada la tecla **Alt**, puede desplazarse a través de las ventanas abiertas pulsando la tecla **Tab**.
3.   Deténgase en la ventana o aplicación que desee abrir y está se abrirá automáticamente.

La barra de tareas
La barra de tareas incluye varias características que hacen que sea más fácil de ver y administrar las aplicaciones de escritorio.

Si desea ver el escritorio, puede hacer clic en la esquina inferior derecha de la pantalla.
1.   Mueva el ratón a la esquina inferior derecha de la pantalla y haga clic en el icono del escritorio, todas las aplicaciones que están abiertas se minimizarán.

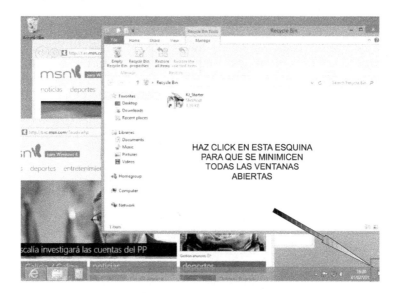

2.	Todas las ventanas abiertas se minimizan y aparecerá el escritorio.

3.	Haga clic en la esquina inferior derecha otra vez para restaurar las ventanas minimizadas.

Acceder a una Jump List

Una **Jump List** es como un minimenú que se puede abrir desde la barra de tareas.

Permite un acceso rápido a los archivos recientes, a los archivos usados con más frecuencia, a tareas de mantenimiento y rendimiento, y más opciones. Veamos un ejemplo, de la **Jump List** del Internet Explorer, para ello haga clic derecho en el icono de la aplicación en la barra de tareas para abrir la **Jump List**.

Administración de archivos y carpetas

Ahora puede manejar sus archivos y carpetas fácilmente utilizando el **Explorador de archivos** en la vista Escritorio. Veremos como usar las funciones de ver, organizar y buscar archivos con el **Explorador de archivos**, y cómo utilizar **Las Bibliotecas**.

Explorador de archivos

El **Explorador de archivos**, anteriormente conocido como el **Explorador de Windows**, es una aplicación de gestión y navegación por los distintos archivos del sistema operativo. Proporciona una interfaz gráfica de usuario para acceder a los sistemas de archivos. Sería casi imposible manejar el sistema operativo sin el **Explorador de archivos**.

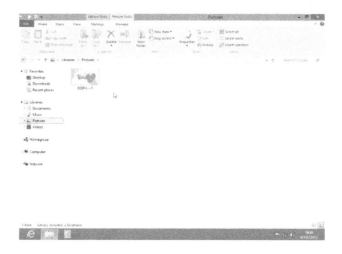

El **Explorador de archivos** te permite abrir, acceder y reorganizar los archivos y las carpetas en la vista escritorio. Si ha utilizado versiones anteriores de Windows, el **Explorador de archivos** deberá de resultarle muy familiar a la hora de administrar y organizar sus archivos.

Haga clic en el icono de la carpeta en la barra de tareas en la vista escritorio para abrir el **Explorador de archivos**.

Cambiar la vista del contenido

La ficha Vista hace que sea más fácil ver los archivos dentro de una carpeta. Por ejemplo, podemos organizar los archivos como una lista para ver los documentos como iconos grandes cuando quieres ver las imágenes.

• Seleccione la pestaña Ver y luego elegir su preferencia entre el grupo de diseño.

Ordenar los archivos

Dependiendo de la carpeta, es posible que también desee ordenar sus archivos. Por ejemplo, puede ordenar los archivos por tamaño, nombre, fecha de creación, fecha de modificación, tipo de archivo, y mucho más.

• Seleccione la ficha Ver, haga clic en el botón **Ordenar (Order)** por **Nombre (Name)** y seleccione su preferencia en el menú desplegable.

Buscar con el Explorador de archivos

Además de la función de búsqueda que se encuentra en la **barra Charms**, también puede buscar archivos directamente desde el **Explorador de archivos**, utilizando la barra de búsqueda. El **Explorador de archivos** también ofrece opciones de búsqueda más avanzadas, lo que puede ser muy útil cuando está teniendo problemas para encontrar un archivo específico, algo que es habitual cuando llevamos mucho tiempo almacenando información en nuestro equipo.

Usar la barra de búsqueda

1.   Busque y seleccione la barra de búsqueda en el **Explorador de archivos**.

2.   Escriba un nombre de archivo o palabra que desea buscar. Los resultados de la búsqueda aparecerán a medida que va escribiendo.

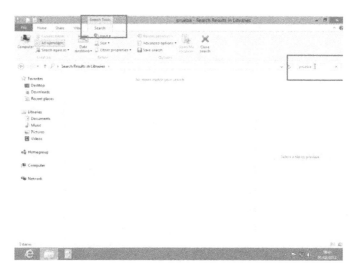

Las herramientas de búsqueda

Cada vez que se introduce un término en la barra de búsqueda, se abrirá automáticamente la pestaña **Herramientas de búsqueda (Search Tools)**. Esta pestaña le permite acceder a **opciones de búsqueda avanzadas**, que permiten limitar la búsqueda por tipo

de archivo, tamaño y fecha de modificación, ver las búsquedas
recientes y más.

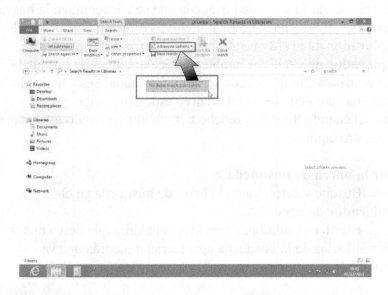

Las Bibliotecas de Windows 8

Las Bibliotecas hacen que sea más fácil encontrar los archivos
cuando los necesitas. **Las Bibliotecas** son colecciones de
contenido a los que se puede acceder fácilmente a través del
Explorador de archivos. Hay cuatro bibliotecas básicas en
Windows 8: **Documentos, Imágenes, Música y Vídeos**.

Las Bibliotecas no almacena sus archivos y carpetas, sino que le
ayudan a mantenerlos organizados. Puede incluir cualquiera de las
carpetas dentro de una biblioteca sin cambiar donde están
almacenados en el ordenador. Por ejemplo, podría incluir una
carpeta de hojas de cálculo importantes en la biblioteca de
documentos mientras que la carpeta se mantiene en el escritorio
para un acceso rápido.

Las Bibliotecas y la pantalla de inicio

Las Bibliotecas son especialmente importantes en Windows 8 ya que muchas de las aplicaciones de la **pantalla de inicio**, incluyendo música, fotos y vídeos utilizan **Las Bibliotecas** para encontrar y mostrar el contenido. Por ejemplo, las canciones o los álbumes de la música la biblioteca aparecerán en la aplicación Música.

Las aplicaciones en la **pantalla de inicio** están optimizadas para los medios de comunicación, lo que hace que sea más fácil que nunca para reproducir música, ver videos y ver fotos. El **Explorador de archivos** puede ayudarle a organizar los archivos multimedia existentes en **Las Bibliotecas**, por lo que podrás disfrutar de ellas desde la **pantalla de inicio**.

Agregar carpetas a Las Bibliotecas

Algunas carpetas, como Mis documentos y Mi música, se incluyen automáticamente en la biblioteca adecuada. Si desea incluir carpetas adicionales, usted tendrá que agregar a la biblioteca. En el siguiente ejemplo, vamos a incluir una carpeta del escritorio en la biblioteca de imágenes sin necesidad de cambiar la ubicación de la carpeta.

1.   Busque la carpeta y haga clic sobre ella.
2.   Pase el ratón por encima Incluir en biblioteca en el menú desplegable y seleccione la biblioteca que desee.

3.   La carpeta ahora se incluirán en la biblioteca seleccionada.

4.   Las fotos también se podrá ver en la aplicación de fotos desde la **pantalla de inicio**.

Personalización del escritorio
Windows 8 hace que la apariencia del **Escritorio** sea más fácil de personalizar.

Ahora veremos cómo acceder al panel de Personalización, que le permitirá personalizar el tema, imagen de fondo y el color de su **Escritorio**. También podrá ver como ajustar el tamaño de la fuente del texto en pantalla.

Cualquier cambio que realice en la apariencia del escritorio no afectará a la **pantalla de inicio**.
•   Para acceder al panel de **Personalización (Personalize)**, haga clic en cualquier lugar en el escritorio y seleccione Personalizar en el menú desplegable. Aparecerá el panel de Personalización.

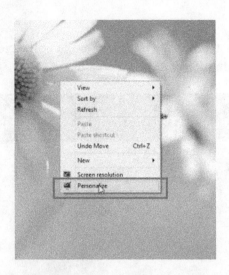

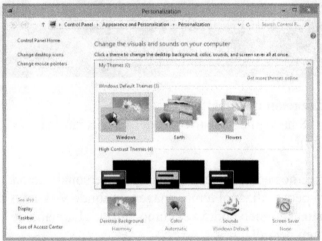

Configuración del Texto en Pantalla

También puede utilizar el panel de personalización para adaptar el tamaño de la fuente del texto en la pantalla. Esta configuración sólo afectará a la vista de escritorio y no a la **pantalla de inicio**.

Cambiar el tamaño de letra

Si tiene dificultades para ver el texto en el escritorio, puede aumentar el tamaño de fuente. Aumentar el tamaño de la letra también aumentará el tamaño de los iconos y otros elementos en el escritorio.

1.   Ubique y seleccione **Mostrar (Display)** en la esquina inferior izquierda del panel de personalización.

2.   Aparecerán los Ajustes de pantalla. Seleccione el tamaño deseado.

3.   Haga clic en **Aplicar (Apply)** para guardar los cambios.

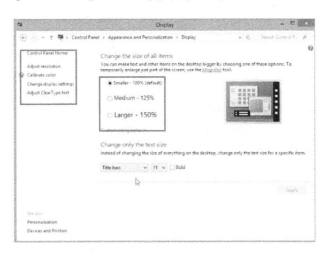

4.   Es posible que deba **reiniciar (sign out now)** su equipo para que los cambios surtan efecto.

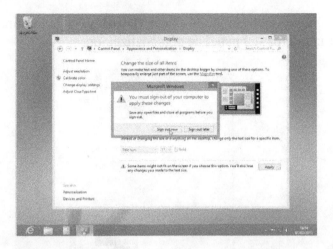

SkyDrive en Windows 8

Uno de los mayores cambios en Windows 8 es que está integrado con **SkyDrive**, el servicio de almacenamiento online de Microsoft. Si tiene archivos almacenados en su **SkyDrive**, podrás acceder a ellos fácilmente con Windows 8.

SkyDrive es un servicio de alojamiento de archivos de Microsoft que permite a los usuarios cargar y sincronizar archivos en un almacenamiento en la nube y acceder a ellos desde cualquier dispositivo local con conexión a internet. Este servicio online permite a los usuarios mantener los archivos privados, compartirlos con sus contactos, o hacer que sus archivos sean públicos. Los archivos compartidos públicamente no requieren una cuenta de Microsoft para acceder a ellos.

Ahora veremos cómo administrar los archivos de **SkyDrive**, y la forma de instalar la aplicación de escritorio **SkyDrive**.

SkyDrive

Si ha utilizado versiones anteriores de Windows, estará acostumbrado a trabajar con carpetas y archivos en su equipo. Pero hoy en día, la gente es más móvil que nunca, y es bueno llevar sus archivos con usted dondequiera que vaya. La nube es generalmente la forma más conveniente hacer esto. Si almacena sus archivos online, entonces todo lo que necesitará es una conexión a Internet, y será capaz de acceder a sus archivos ya si estás en el trabajo, en casa o en la casa de un amigo.

El servicio dispone de 7 GB de almacenamiento gratuito para los nuevos usuarios. Se podrá adquirir almacenamiento adicional pero es necesario pagar. Usted puede decidir si desea almacenar todos sus archivos online, o sólo los más importantes. El servicio ha sido desarrollado con tecnología HTML5, y se pueden cargar archivos de hasta 300 MB a base de arrastrar y soltar archivos sobre el navegador web, o hasta 2 GB a través de la aplicación de escritorio **SkyDrive** de Microsoft.

Al iniciar sesión en Windows con su cuenta de Microsoft, se conecta automáticamente a su **SkyDrive**, que le permite acceder a sus archivos desde la aplicación **SkyDrive** aplicación o la aplicación Fotos.

Cargar archivos en SkyDrive
Algunas aplicaciones, como Microsoft Office 2013, guardar archivos en **SkyDrive** de forma predeterminada. Sin embargo, puede que ya tenga archivos en su equipo que le gustaría añadir a su **SkyDrive**.

1. Haga clic en la aplicación de **SkyDrive** en la **pantalla de inicio**.

2. Haga clic derecho en cualquier lugar de la pantalla. Aparecerá un menú en la parte inferior de la pantalla.

3.   Haga clic en el botón **Cargar**.

4. Verá una lista de las carpetas y los archivos de la biblioteca de documentos (local de su PC).

5. Para ver los otros archivos, haga clic en la flecha desplegable de los archivos y seleccione una ubicación diferente.

6.   Cuando haya encontrado el archivo que desea cargar, selecciónelo y haga clic en **Agregar a SkyDrive**. Si lo desea, puede seleccionar varios archivos.

7. El archivo (s) será (n) añadido(s) a su **SkyDrive**.

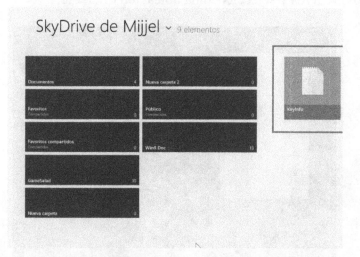

Acceder a SkyDrive desde un navegador Web
Microsoft integra Office Web Apps en **SkyDrive** que permite a los usuarios cargar, crear, editar y compartir documentos de Microsoft Office directamente en un navegador Web. Los usuarios pueden crear, ver y editar archivos de Word, Excel, PowerPoint y OneNote en el navegador Web. Además, también pueden trabajar varios usuarios simultáneamente sobre el mismo documento Excel, a través de un navegador Web. Los usuarios también pueden ver el historial de documentos de Office almacenados en **SkyDrive**.

Los usuarios de las versiones más recientes de Microsoft Office pueden utilizar las aplicaciones de escritorio para editar simultáneamente la misma sección de documentos almacenados en **SkyDrive**. Los cambios se sincronizan cuando el usuario guarda el documento. Se trata de un sistema de colaboración en tiempo real donde varios usuarios pueden utilizar combinaciones de las aplicaciones de escritorio y aplicaciones web para editar un mismo documento.

Ahora que tienes archivos en su **SkyDrive**, podrás acceder a ellos desde cualquier equipo que tenga una conexión a Internet, incluso si el equipo no tiene Windows 8.

1. Ir a **www.SkyDrive.com** e inicie sesión con su cuenta de Microsoft.

2. Aparecerán todas las carpetas y los archivos. Haga clic en la carpeta o archivo para abrirlo.

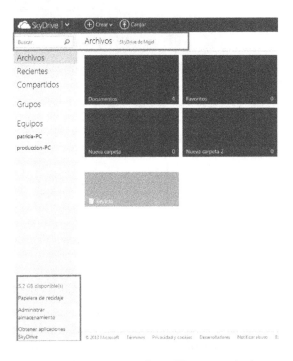

3. Si está viendo un documento de Office, puede hacer clic en Editar documento y seleccione **Editar en Word Web App** en aplicación web para editarlo.

SkyDrive admite la visualización de otros formatos como PDF o ODF, pero algunos tipos de archivos no se pueden editar en SkyDrive. En cambio, puede descargar un archivo haciendo clic derecho y seleccionando **Descargar**.

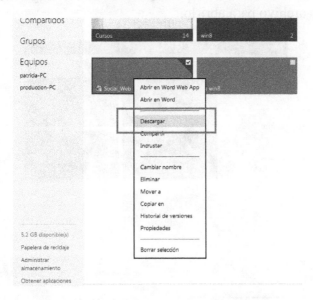

Instalación de la Aplicación de escritorio SkyDrive
Si prefiere trabajar en el escritorio, puede descargar la aplicación de escritorio **SkyDrive**. De esta manera se añadirá una carpeta **SkyDrive** en su **Explorador de archivos**. Al mover los archivos a esa carpeta, se subirán automáticamente a **SkyDrive**, y se puede acceder a ellos en cualquier lugar al que vaya, necesitando,

solamente, una conexión a Internet y dispositivo electrónico con un Windows.

Para instalar la aplicación de escritorio **SkyDrive**:
1.   Vaya a la página web de **SkyDrive** y busque y seleccione **Descarga SkyDrive** para Windows.
http://windows.microsoft.com/es_ES/skydrive/download.

2. Una vez hayamos descargado el archivo, haga clic en Ejecutar para abrir el instalador de **SkyDrive**.

3. El instalador de **SkyDrive** se abrirá. Haga clic en **Comenzar (Get Started)** para continuar.

4.   Aparecerá una ventana de **SkyDrive**, donde se le explica como funciona la carpeta de **SkyDrive** en su equipo. Haga clic en **Siguiente (Next)** para continuar.

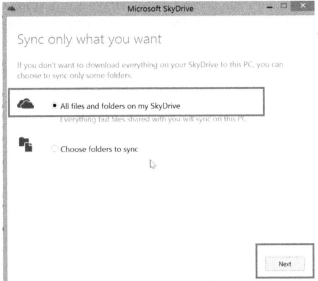

5. Haga clic en **Aceptar (Done)** para completar la instalación. **Marque la casilla** si desea acceder a los archivos de este equipo de manera remota.

6. La aplicación de escritorio **SkyDrive** ya se ha instalado en su equipo. Se añadirá una carpeta de **SkyDrive** a su **Explorador de archivos**, y cualquier archivo que agregue a esta carpeta se cargará en su **SkyDrive**.

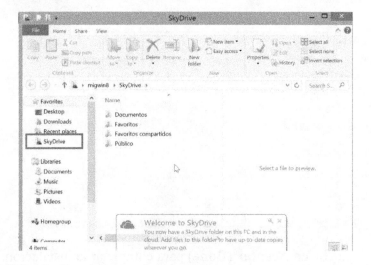

Integración con Office
 SkyDrive permite a los usuarios integrar sus documentos de Office (Word, Excel y PowerPoint) a otras páginas web. Estos documentos incorporados permiten que cualquier persona que

visite estas páginas web interactúe con los documentos, así como navegar por una presentación de PowerPoint incrustada en una web o realizar cálculos en una hoja de cálculo de Excel incrustada en la web.

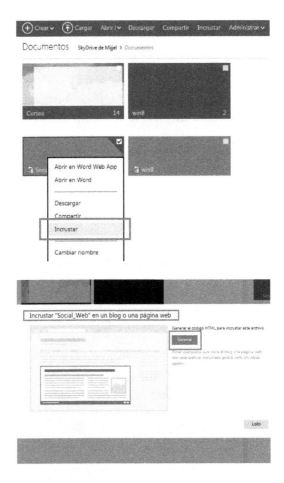

Integración con la aplicación de Correo
SkyDrive se integra con Hotmail, lo que permite a los usuarios:

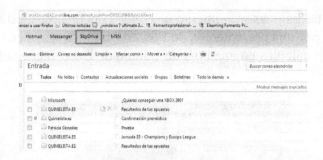

- Subir documentos directamente de Office e imágenes dentro de Hotmail, almacenarlos en **SkyDrive,** y compartirlos con otros usuarios
- Guardar documentos directamente de Office en Hotmail a **SkyDrive,** y ver o editar estos documentos directamente en el navegador web
- Editar documentos de Office en el explorador Web con Office Web Apps.

SkyDrive se integra con la aplicación de **Correo**

Compartir en redes sociales

SkyDrive se integra con redes sociales como Facebook, Twitter y LinkedIn para permitir a los usuarios compartir rápidamente sus archivos con sus contactos en estas redes sociales. **SkyDrive** mantiene una lista de control de acceso de todos los usuarios con los permisos que estos tienen para ver o editar los archivos, incluyendo los usuarios de redes sociales.

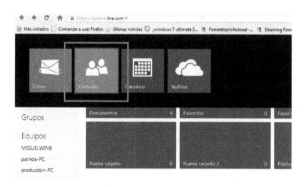

Integración con Bing

SkyDrive se integra con la característica **Bing Save & Share**, lo que permite a los usuarios guardar historiales de búsqueda en una carpeta **SkyDrive**.

Integración con Grupos de Windows Live

A cada grupo dentro de Windows Live se le proporcionan 5 GB de espacio de almacenamiento en **SkyDrive** para compartir entre los miembros del grupo. A los miembros del grupo se les permite acceder, crear, modificar y borrar archivos dentro de las carpetas **SkyDrive** del grupo, junto con las otras funcionalidades que ofrece **SkyDrive**.

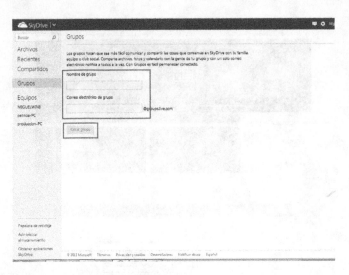

La papelera de reciclaje

Cuando los usuarios borran los archivos en **SkyDrive**, el servicio permitirá al usuario deshacer la acción de borrado y restaurar el archivo desde la papelera de reciclaje de nuevo a la carpeta original. Los elementos de la papelera de reciclaje no tienen límite de almacenamiento para el usuario **SkyDrive**. Todos los archivos almacenados en la papelera de reciclaje se conservarán durante un mínimo de 3 días y un máximo de 30 días. Si el contenido de la papelera de reciclaje de un usuario supera el 10% del límite de almacenamiento del usuario (por ejemplo, 0,7 GB para un usuario con un total de límite de 7 GB de almacenamiento), **SkyDrive** borrará el contenido más antiguo de la papelera de reciclaje, siempre que los archivos hayan estado en la papelera de reciclaje por lo menos durante 3 días.

Internet Explorer

Internet Explorer 10 se incluye como aplicación de escritorio y como una aplicación táctil optimizada a la vez. La versión táctil no es compatible con plugins o componentes ActiveX, pero incluye una versión de Adobe Flash Player integrado, está optimizado para el tacto y para el bajo consumo de energía.

Es el navegador web por defecto en Windows 8. Aunque ofrezca muchas de las funciones de sus anteriores versiones, las modificaciones gráficas que ha sufrido, posiblemente haga que nos cueste un poco acostumbrarnos al principio. En esta lección, aprenderá cómo utilizar la barra de direcciones, abrir y desplazarse por las pestañas. También veremos cómo borrar el historial de navegación.

Windows 8 viene con dos versiones de **Internet Explorer**, con una aplicación para la **pantalla de inicio** y el escritorio. Esta lección se centrará en la aplicación de la **pantalla de inicio**. La versión de escritorio de Internet Explorer ofrece una experiencia de navegación web más tradicional.

Introducción al Internet Explorer
•   Abrir **Internet Explorer**, seleccione **Internet Explorer** en la **pantalla de inicio.**

La barra de direcciones

La mayoría de los navegadores utilizan una barra de direcciones para navegar por las páginas web y una barra de búsqueda para realizar búsquedas en la web. **Internet Explorer** combina estos dos elementos en la barra de direcciones. Al integrar la tecnología de búsqueda de Bing, la barra de direcciones ofrece sugerencias de páginas web a medida que escribe, lo que hace que la navegación por la web sea más rápida y más fácil.

Funcionamiento barra de direcciones

1.   Desde **Internet Explorer**, haga clic derecho y seleccione la **barra de direcciones** en la parte inferior de la pantalla.

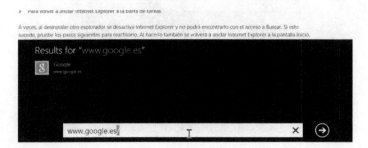

2.   Escriba una dirección web o una palabra de búsqueda. Aparecerán sugerencias por encima de la barra de direcciones a medida que escribe. Haga clic si quiere ir a una de las páginas sugeridas.

- Aparecerán las páginas sugeridas de su historial de navegación con su propio icono.
- Las páginas sugeridas de los resultados de búsqueda de **Bing** aparecerán con el icono de **Internet Explorer**.

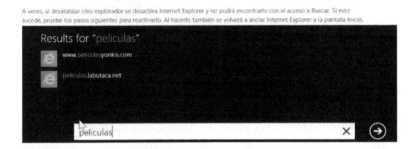

También puede pulsar **Enter** para realizar una búsqueda en Internet o escribir una dirección web completa y pulsar **Enter** para navegar a una página web.

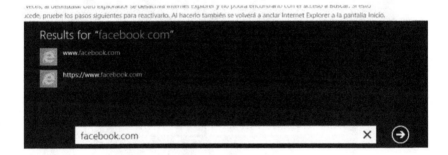

Pestañas

Puede abrir varias páginas web al mismo tiempo mediante pestañas. Haga clic en cualquier lugar en el Internet Explorer para ver pestañas que tiene abiertas en la parte superior de la pantalla.

Abrir una nueva pestaña

1.   Haga clic derecho y luego seleccione el botón **Nueva**
pestaña en la parte superior de la pantalla.

2.   La **barra de direcciones** aparece en la parte inferior de la
pantalla. Escriba una dirección y pulse Intro o seleccione uno de
los sitios visitados con frecuencia para abrir la página.

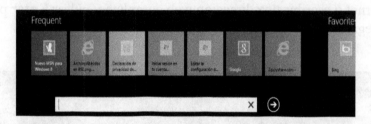

3.   La página aparecerá debajo de las pestañas abiertas.

Moverse entre pestañas

1.   Haga clic derecho y seleccione la pestaña deseada.

2. La página aparecerá debajo de las pestañas abiertas.

Cerrar una pestaña

Haga clic derecho y luego seleccione el botón de **cerrar** pestaña en la esquina superior derecha de la pestaña deseada.

Agregar Sitios Web a Favoritos

Si encuentra un sitio web que le gustaría visitar más tarde o consultar con frecuencia, la puede añadir a los marcadores, más conocidos como favoritos. En lugar de tener que recordar la dirección web exacta, puede desplazarse por sus favoritos hasta que vea el sitio que desee. Puede crear un acceso directo en la barra de direcciones o anclar un sitio directamente a la **pantalla de inicio**.

Agregar a Favoritos una página web

1.   Vaya al sitio web que desea agregar como **favorito**.
2.   Haga clic derecho y luego seleccione el botón **Anclar** en el menú en la parte inferior de la pantalla.

3.   Verá un cuadro de diálogo. Seleccione **Agregar a Favoritos (Add to favorites)**.

4.   El sitio web será añadido a su lista de **favoritos**. Cada vez que comience a navegar a una página, su lista de **favoritos** aparecerá por encima de la barra de direcciones.

Anclar una página web

1.   Vaya al sitio web que desea **fijar**.

2.   Haga clic derecho y luego seleccione el botón **Anclar** en el menú en la parte inferior de la pantalla.

3.   Seleccione **Anclar a Inicio (Pin to Start)**.

4.   Escriba un nombre para el marcador y luego haga clic en **Anclar a Inicio (Pin to Start)** para continuar.

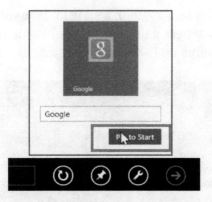

5.   El sitio web se fija en la **pantalla de inicio**. Ahora desde la pantalla de inicio puede abrir la página web con un solo clic.

Privacidad y Seguridad con el Internet Explorer
Internet Explorer mantiene el historial de navegación de las páginas web que visita. Lo normal, es que usted desee eliminar su historial de navegación muchas veces, para así mantener su privacidad.

Eliminar el historial de navegación
1.   En el Internet Explorer, pasa el ratón en la esquina inferior derecha para acceder a la **barra Charms** y seleccione **Configuración (Settings)**.

2.   El panel de configuración aparecerá a la derecha.
Seleccione **Opciones de Internet (Internet Options).**

3.   Verá la configuración de Internet Explorer. Seleccione
Eliminar (Delete) para borrar el historial de navegación.

Si desea eliminar alguna página web específica de su historial de navegación, o si necesita configurar una privacidad avanzada y opciones de seguridad, tendrá que acceder a las Opciones de Internet en la versión de escritorio del Internet Explorer.

La aplicación Contactos
La aplicación **Contactos** es donde concentrará todos sus contactos, y es una de las aplicaciones más importantes que vamos a usar en Windows 8. La aplicación Contactos también puede integrarse con

sus redes sociales favoritas, como Facebook y Twitter. Ahora aprenderá cómo agregar, administrar y organizar sus contactos, y cómo conectar sus redes sociales.

Para abrir la aplicación Contactos, busque y seleccione Contactos en la **pantalla de inicio**.

Añadir Contactos

En vez de mantener una lista separada de contactos para diferentes aplicaciones, por ejemplo, los contactos de correo electrónico y de mensajería instantánea. La aplicación Contactos mantiene todos tus contactos. Una vez que ha agregado contactos a la aplicación Contactos, podrá utilizar la misma información de contacto para enviar mensajes de correo electrónico, chatear y compartir archivos y fotos.

Dos formas de agregar contactos

• Introducción manual de información para cada uno de tus contactos.

• Importación de listas existentes de contactos desde otras cuentas, como **GCorreo**, Facebook, Twitter y LinkedIn.

Importar contactos

Al conectarse a otra cuenta se importarán todos los contactos existentes. Si elige conectarse a una red social, los feeds de noticias y actualizaciones también se integrarán en la aplicación **Contactos**.

1. Para abrir aplicación **Contactos**, abra la **barra Charms** y seleccione **Configuración**.

2. El panel de configuración aparecerá a la derecha de la pantalla. Seleccione **Cuentas**.

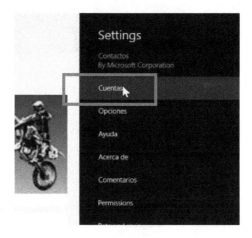

3.   Al abrir el panel Cuentas, haga clic en **Agregar una cuenta**.

4.   Seleccione el servicio que desea utilizar. En este ejemplo, vamos a añadir una cuenta de **Facebook**.

5.	Cuando aparezca la página de **Conectando al Servicio** deberá iniciar sesión en la cuenta elegida, en este caso Facebook.

6.	Esta página variará dependiendo del servicio elegido. Siga las instrucciones para dar a los contactos el permiso de aplicación para acceder a su cuenta.

7.   Una vez conectado, los contactos se importarán a la aplicación **Contactos**.

A diferencia de los contactos agregados de forma manual, los contactos importados de otro servicio no se pueden eliminar. Asegúrese de considerar la frecuencia con la que va a utilizar todos sus contactos antes de tomar la decisión de importarlos desde cualquier servicio externo.

Añadir un contacto nuevo manualmente
Si usted no tiene contactos almacenados en sus redes sociales, o si simplemente prefiere introducir la información de contacto por su cuenta, usted también podrá añadir contactos manualmente.

1.   Haga clic derecho en cualquier lugar de la aplicación **Contactos**. Aparecerá un menú en la parte inferior de la pantalla.
2.   Seleccione **Nuevo** contacto.

3.   Introduzca **la información de contacto**. Como mínimo, se debe introducir un nombre y apellido, y una dirección de correo electrónico. Pero, también puede introducir otra información, como números de teléfono, direcciones de correo electrónico, y la información de trabajo.
4.   Cuando haya terminado de llenar la información de contacto, haga clic en **Guardar**.

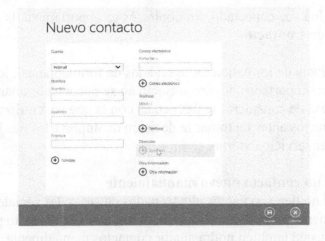

5. El contacto se añadirá a la aplicación Contactos.

Ver y editar contactos

Una vez que haya agregado contactos, estará listo para comenzar a utilizar la aplicación **Contactos**. Conectarse con cualquiera de tus contactos es muy sencillo, vaya a su página del contacto y desde ahí podrá ver la información del contacto, así como las actualizaciones y fotos de las redes sociales conectadas. También puede editar un contacto si necesita cambiar o actualizar su información.

Ver una página de contacto:
1. Seleccione el contacto deseado.

in ama...

2. Aparecerá **la página de contacto**.

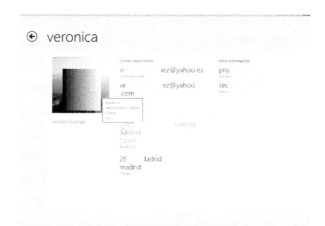

También puede utilizar la página de contactos para comunicarse con un contacto. Haga clic en los diferentes botones para aprender sobre las diferentes formas de comunicarse desde la página de contacto.

Editar un contacto
1. Seleccione el contacto que desea editar.
2. Aparecerá la página del contacto. Haga clic derecho y aparecerá un menú en la parte inferior de la pantalla.

3.   Seleccione **Editar**.

4.   Modifique la información del contacto como desee y luego haga clic en Guardar. La información de contacto se guardará.

Búsqueda de contactos

Si tiene un montón de contactos diferentes, puede ser difícil encontrar el que necesita. Afortunadamente, hay varias maneras de encontrar los contactos rápidamente.

Buscar un contacto
A partir de la aplicación **Contactos**, escriba el contacto que está buscando. Sus resultados de búsqueda aparecerán en la parte izquierda de la pantalla. Simplemente haga clic en un contacto para abrir la página del contacto.

Si desea ir directamente a un lugar específico en su lista de contactos, por ejemplo, los contactos cuyos nombres empiezan con la letra B puede acercarse para ver una vista simplificada de los contactos.

1.   A partir de la aplicación Contactos, busque y seleccione el botón de zoom cerca de la esquina inferior derecha de la pantalla.

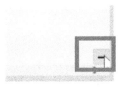

2.   La lista de contactos se alejará. Simplemente haga clic en una letra para navegar a un conjunto específico de **contactos**.

Contactos

Vinculación de contactos

Si importa contactos desde múltiples servicios, puede darse cuenta de que tiene contactos duplicados. Por ejemplo, puede haber importado el mismo contacto de GMail y Facebook. Puede juntar estos contactos para crear un solo contacto.

Vincular un contacto

1.   Busque y seleccione el contacto al que desea vincular.

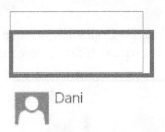

Dani

2.   Se abrirá la página del contacto. Haga clic derecho y aparecerá un menú en la parte inferior de la pantalla.

3.   Seleccione **Vincular**.

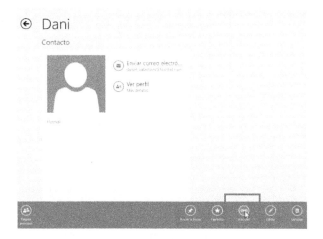

4.　　La aplicación **Contactos** le sugerirá contactos para vincular si comparten información común, como un nombre o dirección de correo electrónico.

5.　　Haga clic en el contacto sugerido o haga clic en Seleccionar contacto para seleccionar un contacto de forma manual.

6.　　Haga clic en **Guardar**.

Vínculos para Dani

7.　　La información se unirá en un solo contacto.

Dani

Cambiar los permisos de cuenta

Una vez que haya agregado una cuenta, como Facebook o Twitter, es posible que desees modificar parte de la información de la aplicación ya que la gente puede acceder. También puede optar por eliminar una cuenta vinculada por completo.

Modificar los permisos de la cuenta

1.　　En la aplicación **Contactos**, pasa el ratón en la esquina inferior derecha para acceder a la **barra Charms** y seleccione **Configuración**. El panel de configuración aparecerá a la derecha. Seleccione **Cuentas**.

2.   Se abrirá el panel Cuentas. Seleccione la cuenta que desea modificar.

3.   Haga clic en **Administrar esta cuenta en línea** para modificar los permisos de la cuenta.

4.   Se abrirá el navegador y los permisos de cuenta Verán en la página. Esta página puede variar dependiendo del servicio de la cuenta que seleccione. Usted puede:

- Hacer clic en las casillas **para especificar los permisos de la cuenta**.

- Seleccione **Quitar** este sentido completamente para eliminar la conexión de su cuenta de Facebook.

5.   Una vez que haya realizado los cambios, haga clic en **Guardar**. Los permisos de la cuenta se guardarán.

Al eliminar una cuenta asociada, se eliminarán también todos los contactos importados de ese servicio.

Favoritos
Si tienes algunos contactos que utilizas con mucha frecuencia, es posible que desee ponerlos como favorito para acceder con más rapidez.

Añadir un Contacto como Favorito
1.   Seleccione el contacto que desea en favoritos.
2.   Verá la página del contacto. Haga clic derecho y aparecerá un menú en la parte inferior de la pantalla.
3.   Seleccione **Favorito**.

4.   El contacto aparecerá en el grupo de favoritos cada vez que abra la aplicación **Contactos**.

Anclar Contactos
Al igual que con los contactos favoritos, si tienes algunos contactos que uses con mucha frecuencia, puedes anclarlos a la **pantalla de inicio** para acceder a ellos con mayor rapidez.

Anclar un contacto
Al igual que las aplicaciones, también puede anclar un contacto a la **pantalla de inicio**.
1.   Seleccione el contacto que desea anclar.
2.   Verá la página del contacto. Haga clic derecho y aparecerá un menú en la parte inferior de la pantalla.
3.   Seleccione **Anclar a Inicio**.

4.   Verá un cuadro de diálogo. Haga clic en **Anclar a Inicio (Pin to Star)** para continuar.

5.   El contacto se fijará en la **pantalla de inicio**. Ahora ya puede hacer clic sobre un contacto en la **pantalla de inicio** para ver su página del contacto.

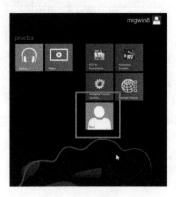

Para liberar un contacto desde la **pantalla de inicio**, haga clic en la página del contacto y luego seleccione Liberar **Desanclar de Inicio**.

La aplicación de correo

La aplicación **Correo** ofrece una nueva manera de ver y gestionar su correo electrónico. En muchos aspectos, la aplicación de correo es muy similar a otras aplicaciones de correo electrónico, como Outlook o Gmail, pero su interfaz ha sido rediseñada y puede ser un poco confuso al principio. Ahora le enseñaremos a enviar, recibir y responder a mensajes de correo electrónico mediante la aplicación de correo. También le enseñaremos cómo organizar su bandeja de entrada, añadir múltiples cuentas y modificar la configuración de la cuenta.

La aplicación de Correo

• 	Para abrir la aplicación **Correo**, busque y seleccione **Correo** en el menú Inicio pantalla.

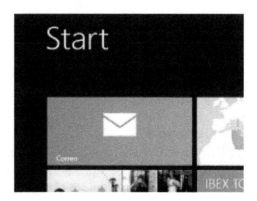

• 	La primera vez que abra la aplicación Correo, tendrá que configurar una cuenta de correo electrónico para comenzar a usar el correo. Si has iniciado sesión con una cuenta de Microsoft, la aplicación de correo le solicitará conectarse con la dirección de correo electrónico de su cuenta. Introduzca su información de cuenta y haga clic en Conectar. Verá su bandeja de entrada.

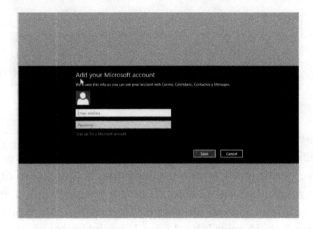

Si ya está conectado a un servicio de correo electrónico con la aplicación Contactos, tales como Hotmail o Gmail, no necesita conectarse a la cuenta de nuevo.

Enviar un correo electrónico
Vamos a usar el panel de redacción para escribir y enviar mensajes desde la aplicación de correo. Desde aquí, podrás añadir la dirección de correo electrónico del destinatario, el asunto y el cuerpo del mensaje.

Redactar un mensaje nuevo

1.   Seleccione el botón **Nuevo** mensaje.

2.   Verá el **panel de composición**.

3.   Tendrá que agregar uno o más destinatarios. Hay dos formas de añadir destinatarios:

- **Escriba** una o más direcciones de correo electrónico separadas por comas.

Mijjel Anjjel
hotmail.com

Para

CC

Mostrar más

- Haga clic en el botón **Agregar** destinatario para seleccionar los destinatarios de sus contactos.

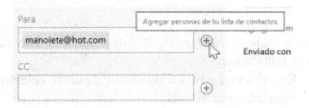

4. Si decide agregar un destinatario desde tus contactos, la aplicación **Contactos** se abrirá. Seleccione el contacto deseado y luego seleccione **Agregar**.

5.　　Escriba un **asunto** para el mensaje.

6.　　Escriba el **cuerpo del mensaje**. Si desea adjuntar un archivo, **guardar un borrador** o incluir **formato especial**, como estilos de **fuente, negrita, cursiva** o, haga clic para abrir un menú en la parte inferior de la pantalla.

7.　　Cuando haya finalizado, haga clic en el botón Enviar. El mensaje se enviará.

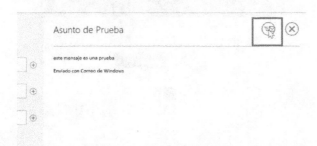

Si un destinatario es uno de sus contactos, puede empezar a escribir su primer nombre, apellido o dirección de correo electrónico y la dirección de correo electrónico aparecerá debajo del campo **Para**. Pulse sobre el nombre o la dirección de correo electrónico para **agregar** el contacto como destinatario.

Leer y Responder Mensajes
Por defecto, cualquier correo electrónico que reciba irá a su bandeja de entrada. Los correos electrónicos no leídos siempre aparecen en negrita.

Leer y responder a un mensaje

1.   Desde la aplicación **Correo**, seleccione el mensaje que desea leer.

2.   El **mensaje** aparecerá en el lado derecho de la pantalla en el panel de mensajes.

3.   Para **responder** al mensaje, haga clic en el botón
Responder y seleccione su opción de respuesta en el menú
desplegable que se le muestra.

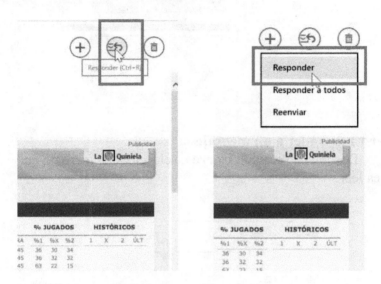

4.   Verá el **panel de composición** con la dirección de correo
electrónico del destinatario ya colocada en su campo Para.
Ahora ya puede responder a su mensaje.

Organizar su correo
Cuando usa la aplicación de correo con frecuencia, su bandeja de
entrada comenzará a llenarse con mensajes antiguos. Puede
mantener su bandeja de entrada organizada moviendo los mensajes
a carpetas o eliminando mensajes que ya no necesite.

Mover un mensaje a una carpeta
1.   Seleccione el mensaje que desea mover.

2.   Haga clic derecho y luego seleccione el botón **Mover** en el menú en la parte inferior de la pantalla.

3.   Seleccione la **carpeta** donde desea mover el mensaje.

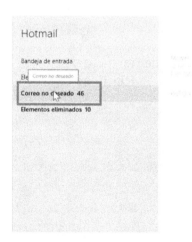

4.   El mensaje se **moverá** a la carpeta seleccionada.

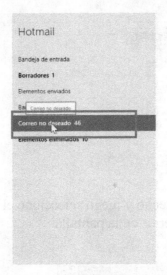

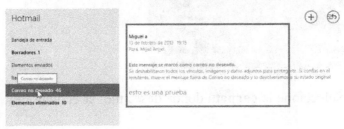

Eliminar un mensaje

Hay dos formas de eliminar un mensaje:

• Haga clic en el botón **Eliminar** cuando tiene algún mensaje seleccionado.

- Seleccione el mensaje que desee y luego pulse la tecla **Supr** del teclado.

Para eliminar los mensajes permanentemente, tendrá que acceder a la carpeta Eliminados y volverlos a eliminar.

Añadir varias cuentas de correo
Si utiliza más de una cuenta de correo electrónico, por ejemplo, una cuenta personal y otra para el trabajo (y otra para ligoteo…). Con la aplicación **Correo** puede gestionar varias cuentas, lo que le permite leer todos los mensajes desde el mismo lugar.

Agregar una cuenta
1.   En la aplicación **Correo**, abra la **barra Charms** y seleccione **Configuración (Settings)**.

2. El **panel de configuración** aparecerá a la derecha. Seleccione **Cuentas**.

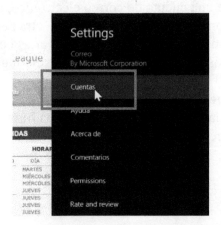

3. Verá el **panel Cuentas**. Haga clic en **Agregar una cuenta**.

4.   Seleccione el servicio de correo electrónico que desea utilizar.

5.   Introduzca su nombre de usuario y contraseña, luego haga clic en **Conectar**.

6.   Su cuenta será configurada y su correo aparecerá automáticamente en su bandeja de entrada. Los contactos de la cuenta también se pueden importar a la aplicación **Contactos**.

Cambiar entre las bandejas de entrada de sus cuentas de correo

Si tiene varias cuentas de correo electrónico configuradas en la aplicación de **correo**, tendrá que cambiar entre las bandejas de entrada para ver todos los mensajes.

1.   Seleccione la cuenta que desee en la esquina inferior izquierda de la aplicación de correo.

2.　　Verá la **bandeja de entrada** de la cuenta seleccionada.

Configuración de la cuenta
1.　　En la aplicación **Correo**, abra la **barra Charms** y seleccione **Configuración**.
2.　　Seleccione **Cuentas** en el panel de configuración.

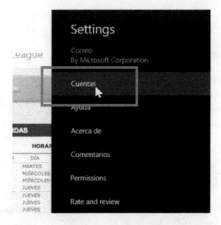

3.   Verá el panel **Cuentas**. Seleccione la cuenta que desea modificar.

4.   Verán los ajustes de cuenta. Es posible que tenga que desplazarse hacia abajo para ver todas las opciones.

Página Social

La página **Social** hace que sea fácil ver un resumen de la información más reciente de las redes sociales a las que estas conectado. Desde la página **Social**, puede editar su imagen de perfil, mensajes de actualizaciones de estado, ver sus notificaciones, hacer comentarios en las redes sociales y más opciones.

Acceder a la Página Social

1.   En la aplicación **Contactos**, haga clic en su foto de perfil.

2.   Verá la página **Social**.

Cambiar la foto de tu perfil en las redes sociales y demás aplicaciones

Cambiar tu foto de perfil en la página **Social** es sencillo, pero es importante tener en cuenta que esto sólo va a cambiar la foto de perfil de su cuenta de Microsoft, no de las otras cuentas como Facebook, Twitter, Gmail o LinkedIn.

1.   Desde la página **Social**, seleccione su foto de perfil.

Mijjel Anjjel

Yo

2.   Verá el cambio de imagen de su página de su cuenta.

3.   Haga clic en **Examinar** para seleccionar una nueva foto. Si su ordenador o tableta tiene una cámara integrada, puede hacer clic **Tomar una foto (Take a Photo)** para sacar una foto y ponerla como la imagen de su perfil.

4.   Cuando haya finalizado, haga clic en **Guardar**. Tu foto de perfil se actualizará.

Las Aplicaciones de música y vídeo

 A continuación, le mostraremos cómo acceder a la **Windows Store** y el uso de las aplicaciones de música y vídeo para encontrar y comprar música, programas de televisión y películas.

Acceso a la música y Videotecas

Windows 8 le permite organizar sus archivos multimedia, colocándolos en **Las Bibliotecas (Libraries)**. Para ello, tendrás que ir a la vista Escritorio y añadir archivos de su música y vídeos en **Las Bibliotecas**. Los archivos que se encuentran en estas bibliotecas se pueden reproducir o visualizar con las aplicaciones de música y de vídeo. Si ya has comprado música, películas o programas de televisión, asegúrese de agregar los archivos a **Las Bibliotecas**.

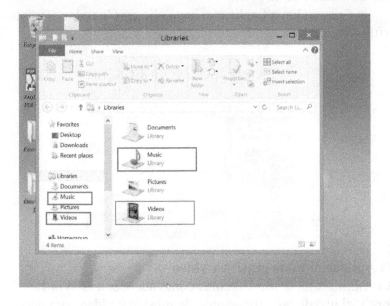

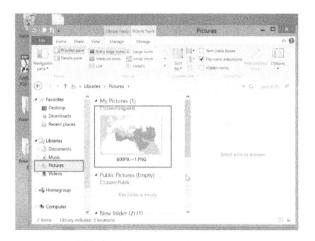

Creación de un perfil de Xbox

Para utilizar muchas de las características de estas aplicaciones, tendrá que tener un perfil de Xbox. El proceso de registro es muy rápido, y no es necesario introducir ni datos confidenciales ni tarjetas de crédito. Una vez que te registras, tu perfil de Xbox estará vinculado a su cuenta de Microsoft, e iniciará su sesión automáticamente cada vez que abra música y aplicaciones de vídeo.

Si tienes una consola Xbox, puedes usar tu cuenta de Xbox LIVE como su perfil.

Crear un perfil de Xbox

1.   Haga clic en la aplicación Música en la **Pantalla de inicio**.

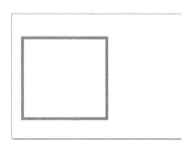

2.   En la esquina superior derecha, haga clic en el botón **Iniciar sesión (Sign In)**.

3. Seleccione su país de la lista desplegable. Si prefiere no recibir mensajes de correo, desactive la casilla. Cuando haya terminado, haga clic en **Acepto**.

4. Recibirá un nombre aleatorio llamado **gamertag**.

5. Haga clic en **Ok**. Su perfil será creado e iniciará sesión automáticamente.

La aplicación Music

Con esta aplicación podrá reproducir la música que tenga en la biblioteca de Música y navegar por la música nueva de la tienda de Windows, porque puede escuchar hasta 10 horas de música al mes de forma gratuita, aunque esta oferta incluye publicidad, es decir, que tendrá que ver un anuncio por cada par de canciones. Y, a mayores, también podrá comprar un pase de Music Xbox, para poder escuchar música ilimitada y sin anuncios.

La aplicación Música

Tiene varias opciones para navegar por la aplicación **Música**:

- Haga clic en un azulejo para ver a un artista o álbum.

- Haga clic en **Mi Música** para ver tu biblioteca de música.

- Haga clic en **Toda la música** para buscar canciones nuevas.

- Pase el ratón en la esquina inferior derecha para abrir la **barra Charms** y haga clic en **Buscar** para buscar música.

Opciones de música

Al hacer clic en el azulejo de un artista, tendrás varias opciones, incluyendo la reproducción de canciones, agregar canciones a la biblioteca, se muestran los álbumes del artista, y usando el Smart DJ podrá encontrar artistas similares.

- Reproducción
-

- Agregar a mi música

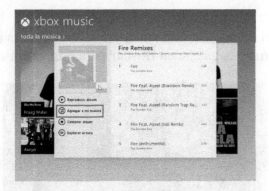

- Comprar álbum

- Explorar artista

- Seleccionar una o varias canciones de un álbum

Controles de reproducción

Cuando estás escuchando una canción, puede hacer clic en cualquier parte de la aplicación **Música** para abrir una barra de herramientas en la parte inferior de la pantalla. Puede utilizar la barra de herramientas para **detener** la canción o **saltar** a otra canción.

Comprar música

Aunque se puede escuchar música de forma gratuita en la aplicación Música (con publicidad), es posible que desee comprar canciones o álbumes para reproducirlos en otros dispositivos. También puede optar por comprar un pase **Xbox Music**, que le permite escuchar música ilimitada y sin anuncios.

Para comprar un álbum completo, haga clic en **Comprar álbum** y luego siga las instrucciones que aparecen en la pantalla.

En cambio, si usted solamente quiere comprar una canción de un artista:

1.   **Seleccione** la canción deseada.

2.   Haga clic derecho en cualquier lugar para mostrar la **barra de herramientas** en la parte inferior de la pantalla
3.   En la **barra de herramientas**, haga clic en **Comprar canción** y luego siga las instrucciones que aparecen en la pantalla.

La aplicación de Vídeo

La aplicación de vídeo le permite ver películas, vídeos caseros, vídeos musicales o programas de televisión, es decir, todo tipo de vídeos que estén en la biblioteca **Vídeos**. Su biblioteca **Videos** puede incluir videos que haya comprado o alquilado, así como los que haya grabado con su cámara digital, teléfono móvil o smartphone. Puede utilizar **la aplicación de vídeo** para comprar o alquilar películas y comprar programas de televisión.

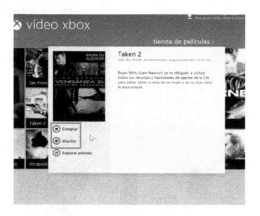

La aplicación de Vídeo

Tiene varias opciones para navegar por la **aplicación de vídeo**:
•   Haga clic en un azulejo para **ver información** acerca de una película.

• Haga clic en **Mis Videos** para ver tu **biblioteca de vídeos**.

• Haga clic en la **Tienda de Películas** para buscar videos.

• Pase el ratón en la esquina inferior derecha para abrir la **barra de Charms** y haga clic en **Buscar** para buscar videos.

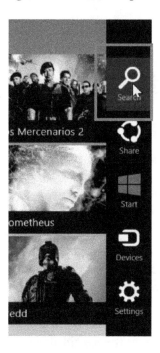

Comprar o alquilar una película
1.   Haga clic en la película que desee.

2.   Haga clic en **Comprar** o **Alquilar**, y luego siga las instrucciones que aparecen en la pantalla.

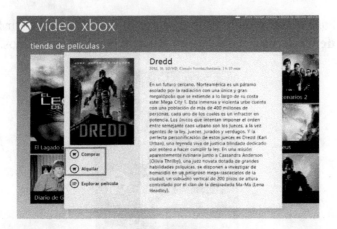

La tienda de Windows (Windows Store)

La tienda de Windows es un lugar donde puedes descargar nuevas aplicaciones para su dispositivo Windows 8. La mayoría de las aplicaciones están diseñadas para ejecutarse desde la **pantalla de inicio**. A continuación, aprenderá a navegar por la tienda, descargar e instalar aplicaciones y actualizaciones de aplicaciones.

La **Windows Store** y el lenguaje de diseño **Metro-Style** supondrán un nicho de mercado de software similar y posiblemente superior a la appstore de Apple.

Tendrá que iniciar sesión con su cuenta de Microsoft para entrar en la Windows Store.

Navegar por la tienda

Las aplicaciones en la tienda están ordenadas por categorías, como por ejemplo **juegos (games)**, **social**, **anuncios (spotlight)** y más.

Examinar las categorías

1.   Para navegar por las diferentes categorías, seleccione el nombre de la categoría en la parte superior de la pantalla.

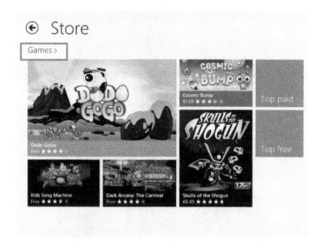

2.   Verá la categoría seleccionada. Haga clic en una aplicación para ver **la página de información** sobre esa aplicación.

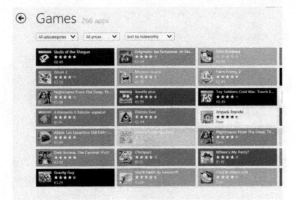

Para buscar aplicaciones, abra la **barra de Charms** y haga clic en
Buscar.

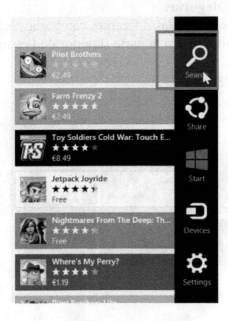

Ver la información de la aplicación
Cuando se selecciona una aplicación, podrás ver más detalles en la
página de información de aplicaciones, incluyendo el precio,
opiniones de usuario y más.

- Información de la aplicación (Overview) y Comprar
  (Buy) o Probar (Try)

- Detalles (Details)

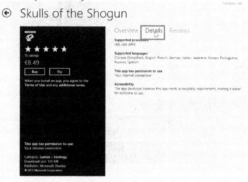

- Opiniones (Reviews)

Instalación de aplicaciones

La tienda cuenta con miles de aplicaciones que se pueden descargar e instalar. Muchas son gratis y otras son de pago, por lo que es fácil de encontrar y disfrutar de nuevas aplicaciones. Las aplicaciones descargadas se asociarán a su cuenta de Microsoft, por lo que sólo tendrá que comprar aplicaciones una vez, ya que podrá instalar sus aplicaciones en otros dispositivos de Windows 8.

Como instalar una aplicación

1.   Desde la tienda, busque y seleccione la aplicación que desea instalar, en este caso vamos a la categoría **Social** para ver que aplicaciones tiene.

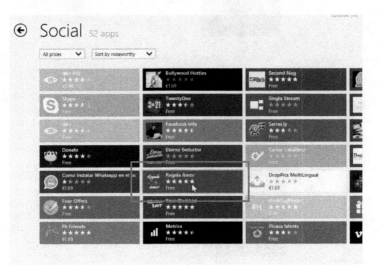

2.   Podrá ver la Información de la aplicación que aparecerá en la página.

- Si la aplicación es gratuita, haga clic en el botón **Instalar**.
- Si la aplicación tiene un precio, haga clic en el botón **Comprar** y siga las instrucciones que aparecen en la pantalla.

3.   La aplicación **iniciará la descarga y se instalará automáticamente**. Aparecerá una notificación cuando la aplicación se haya terminado de instalar.

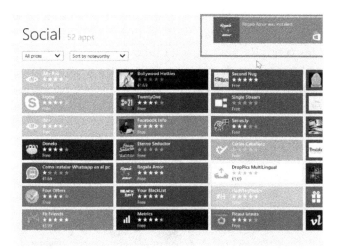

4.   La aplicación instalada aparecerá en la **pantalla de inicio**.

También puede probar algunas aplicaciones por un tiempo limitado antes de decidirse a comprar, para comprobar si se ajusta a sus **necesidades** o no. Para ello haga clic en el botón **Try** para descargar una **versión de prueba** de la aplicación. Esta opción no está disponible en todas las aplicaciones.

  Algunas aplicaciones de la tienda están diseñadas para trabajar sólo en la vista de Escritorio. Cuando encuentre este tipo de aplicaciones, haga clic en **Ir al sitio web del editor (Go to publisher´s website)** y siga las instrucciones para descargar e instalar la aplicación.

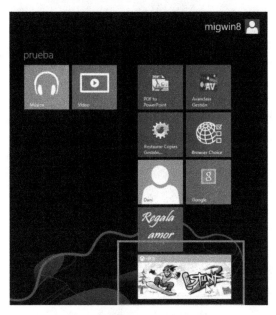

Como desinstalar una aplicación

1.   Haga clic sobre la aplicación deseada en la **pantalla de inicio**.

2.   Aparecerá un menú en la parte inferior de la pantalla. Haga clic en el botón **desinstalación (Uninstall).**

3.   Aparecerá un cuadro de diálogo. Haga clic en **Desinstalar (Uninstall).**

5. La aplicación se **desinstalará** de su ordenador.

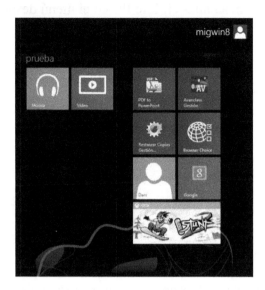

Instalar sus aplicaciones en otros dispositivos
Cuando usted compra o descarga una aplicación en la tienda, esa aplicación queda asociada a su cuenta de Microsoft, con lo cual usted podrá instalar esa aplicación en otros dispositivos sin necesidad de volver a compra la aplicación nuevamente.

1. En la tienda, haga clic derecho y seleccione **Sus aplicaciones (Your apps)** en el menú en la parte superior de la pantalla.

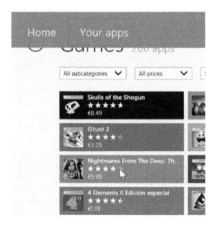

2. Aparecerá una lista de las aplicaciones. Seleccione las aplicaciones no instaladas en este PC en el menú desplegable para ver las aplicaciones que ha instalado en otro dispositivo.

3. Seleccione la aplicación que desea instalar en su dispositivo actual y luego haga clic en el botón **Instalar (Install)** en la parte inferior de la pantalla. Las aplicaciones se instalarán en su dispositivo.

Actualización de Aplicaciones
Las aplicaciones pueden recibir actualizaciones que las ayudan a seguir funcionando sin problemas e incluso agregan nuevas

características. Si hay actualizaciones disponibles para cualquiera de sus aplicaciones, en la esquina superior derecha de la Tienda, aparecerán el vínculo de **actualizaciones (Updates)**.

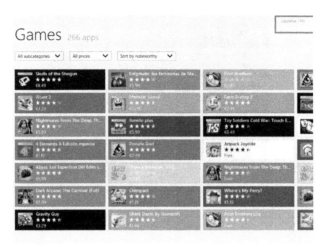

Como actualizar Aplicaciones
1.   Si hay actualizaciones disponibles, seleccione Actualizar en la esquina superior derecha de la tienda.

2.   Aparecerán las aplicaciones disponibles con actualizaciones. Seleccione las aplicaciones que quiere que reciban sus actualizaciones y haga clic en el botón **Instalar (Install)** en la parte inferior de la pantalla para descargar e instalar las actualizaciones de aplicaciones.

3.   Al finalizar, veremos la notificación que nos indica que **tus aplicaciones han sido instaladas (Your apps were installed).**

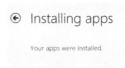

También puede ver si hay las actualizaciones disponibles desde la **pantalla de inicio** si el azulejo **Store** está activado como un mosaico vivo.

Abrir los archivos con varias aplicaciones
Al abrir un archivo en Windows 8, por lo general se abrirá con una aplicación de pantalla de inicio, incluso si lo abre desde el escritorio. Pero si prefiere trabajar en el escritorio, puede optar por abrir el archivo con una aplicación de escritorio. Por ejemplo, una imagen jpeg, por defecto se abre en la aplicación de **fotos**, pero también se puede abrir en **Windows Photo Viewer** u otro visor fotográfico.

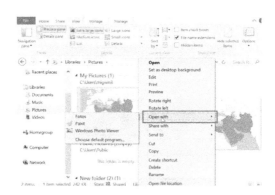

A continuación, veremos como abrir un archivo en una aplicación diferente y también a cómo cambiar la aplicación por defecto, para que un archivo siempre se abra con su aplicación preferida.

Abrir un archivo en la aplicación predeterminada

1.   En vista de escritorio, haga doble clic en el archivo deseado.

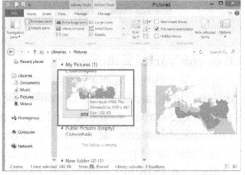

2.   El archivo se abrirá en la aplicación por defecto. En este caso, se abrió en la aplicación **Fotos**.

Abrir un archivo en una aplicación diferente

También puede abrir un archivo en una aplicación diferente sin cambiar el valor predeterminado. Por ejemplo, es posible que desee abrir una foto con la aplicación de **Paint** para recortar o cambiar su tamaño.

1.   En vista de escritorio, haga clic derecho en el archivo deseado.

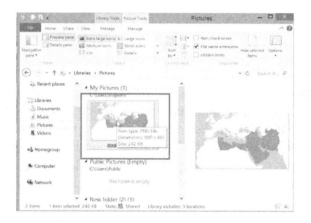

2.   En el menú desplegable, haga clic en **Abrir con (Open With)** y seleccione la aplicación que desee.

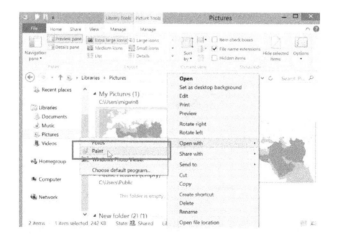

3.   El archivo se abrirá en la aplicación seleccionada.

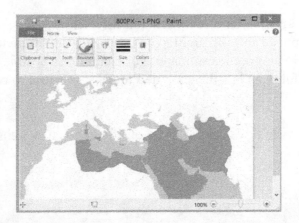

Cambiar la aplicación por defecto

A veces querrá cambiar la aplicación predeterminada para ciertos tipos de archivos, para que siempre se abra en la nueva aplicación al hacer doble clic en él. Por ejemplo, puede que sus fotos siempre se abra en **Windows Photo Viewer** en lugar de la aplicación **Fotos**, cuando usted vaya adquiriendo más aplicaciones querrá asociar cada aplicación al archivo para optimizar sus recursos.

1.   En vista de escritorio, haga clic derecho en el archivo deseado.

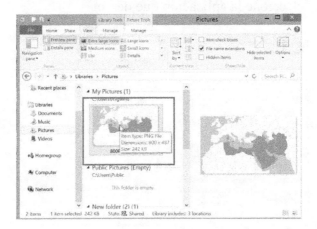

2.   En el menú desplegable, haga clic en **Abrir con** y seleccione **Elegir programa predeterminado .... (choose default program…)**

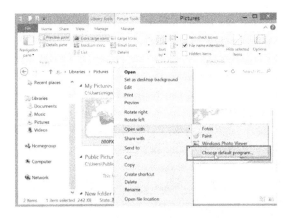

3.   Seleccione la aplicación deseada. Si no ve la aplicación que desea, haga clic en **Más opciones (More options)**.

4.   El archivo se abrirá en la nueva aplicación. Cada vez que haga doble clic en un archivo de ese tipo, se abrirá en la nueva aplicación por defecto.

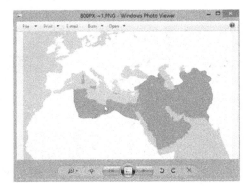

Notas Adhesivas

Las **Notas Adhesivas** son un complemento perfecto para dejar anotaciones en el escritorio a modo de **Post-it**.

Para ello haremos lo siguiente
1.   Vamos a la aplicación **Notas Adhesivas (Sticky Notes).**

2.   Esto nos lleva a la vista escritorio y nos coloca una **nota adhesiva** en el escritorio. Ahora ya podemos escribir lo que queramos en la nota.

3. Para eliminar la **nota adhesiva**, simplemente tenemos que hacer clic sobre el botón x en la esquina superior derecha.

4. Se elimina la nota adhesiva del escritorio.

Grabador de Acciones

El grabador **de acciones (Steps Recorder)**, es una aplicación que te permitirá grabar todas las acciones que realice el usuario sobre el equipo, a modo de capturando la pantalla. Esta aplicación es un recurso muy utilizado hoy en día a la hora de grabar vídeos educativos, realización de clases virtuales, hacer manuales, etc...

Comenzar a usar el Grabador de Acciones

1. Vamos a la aplicación **Grabador de Acciones (Steps Recorder)**

2. Para comenzar a Capturar la pantalla pulse el botón **Iniciar Grabación (Start Record).**

3. Para Detener la captura de pantalla pulse el botón **Detener Grabación (Stop Record).**

4.　　Para **guardar** la captura de pantalla. Vaya al menú desplegable y seleccione **Configuración (Settings…).**

5.　Seleccione el lugar donde desea guardar el fichero generado con las capturas de pantalla, para ello haga clic sobre el botón **Examinar (Browse)** y elija el destino.

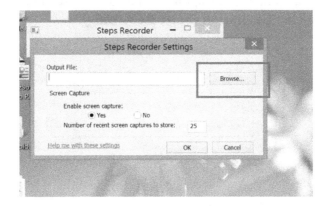

Grabador de Sonido

El **grabador de sonido (Sound Recorder)** es una aplicación que se utiliza para capturar el sonido a través de un micrófono, lo cual le permite grabar su propia voz, para por ejemplo, combinar el audio con las capturas de pantalla realizadas con el Grabador de acciones para realizar un vídeo explicativo o un manual de alguna aplicación.

Realizar una grabación
1. Vamos a la aplicación **Grabador de Sonido (Sound Recorder).**

2. Para comenzar a Capturar la pantalla pulse el botón **Iniciar Grabación (Start Recording).**

3. Para Detener la captura de pantalla pulse el botón **Detener Grabación (Stop Recording).**

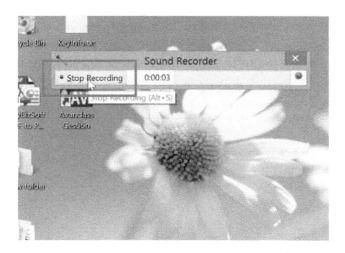

4. Una vez detenida la grabación tendrá la opción de **guardar** la grabación en la ubicación que usted desee.

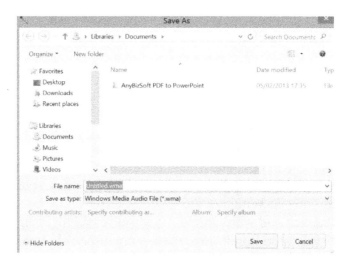

Apague y encienda la opción de reproducción automática para todos los dispositivos USB en Windows 8

Hay ciertas características que se basan en **Acción "auto"** y que podrían no ser aceptables para la mayoría de los usuarios. Estos suelen ser vistos en la pantalla de inicio, la "**Reproducción**

automática" es una de estas características. Estas características son muy fáciles de tratar en Windows XP y Windows 7. Pero a diferencia de Windows XP y Windows 7, **desactivar la reproducción automática en Windows 8** no es una tarea tan sencilla. Cuando se utiliza **la reproducción automática de Windows 8** sale la notificación más molesta que aparece en la pantalla cada vez que se **inserta una USB** o un disco compacto en su sistema.

En este momento hay dos métodos que permiten deshacerse de este **Problema de reproducción automática** en Windows 8:

Método para cambiar la opción Reproducción automática
El método no implica ninguna ciencia de cohetes espaciales, y es bastante simple. Todo lo que está obligado a hacer es seguir los pasos que se mencionan a continuación y que será capaz de deshacerse de reproducción automática en pocos segundos:

- La primera cosa que usted necesita hacer es asegurarse de que usted está en la pantalla de inicio (Metro UI) de su equipo con Windows 8.
- Una vez que se asegura de que usted está allí, en la pantalla de inicio de Windows 8, basta con pulsar **Windows+W**.
- Después de pulsar las teclas **Windows + W,** se mostrará un barra de búsqueda en la pantalla.
- Lo siguiente que tienes que hacer es escribir **reproducción automática** en la barra de búsqueda y pulsa **enter**.
- Después de realizar este paso, usted será capaz de ver una pantalla llamada **Ajustes** de **reproducción automática** que se muestra como una opción.

- Por último, hacemos clic en la barra de reproducción automática y simplemente desmarque la opción **Usar la reproducción automática para todos los medios y dispositivos** que se mostrarán en la pantalla siguiente.

Y ya está, ya has liberado de la reproducción automática en el ordenador Windows 8.

El Ampliador
El **ampliador (Magnifier)** es una aplicación que crea en la vista escritorio una ventana independiente que nos mostrará una parte de la pantalla en un tamaño más grande. El usuario podrá ajustar el tamaño de la amplificación de la pantalla.

Ampliar la pantalla
1. Vamos a la aplicación **Ampliador (Magnifier).**

2. Ahora ya puede ajustar el tamaño de la amplicación.

Teclado sobre la pantalla

El **teclado sobre la pantalla (On-Screen keyboard)** es una aplicación que nos mostrará un teclado virtual sobre la pantalla que podremos usar de igual manera que un teclado tradicional.

Activar el Teclado sobre la pantalla

1.   Vamos a la aplicación **Teclado sobre la pantalla (On-Screen Keyboard).**

2.   Veremos el teclado virtual sobre la pantalla.

Cambiar Configuración de PC

Cambiar la configuración de PC (PC Settings) es la herramienta que utilizaremos cuando deseemos personalizar nuestro sistema operativo. Aquí encontraremos todo tipo de ajustes para poder experimentar todas las posibles configuraciones que se adapten a su manera de trabajar.

Usuarios (Users)

Desde aquí usted podrá personalizar la configuración de su cuenta o cuentas, mediante varias opciones.

Cambiar a un cuenta de Microsof (Switch to a Microsoft account)

Inicio de Sesión (Sign-in options)

Ver y Agregar otros usuarios

Notificaciones (Notifications)
Desde esta opción usted podrá configurar que aplicaciones quiere
que le muestren sus correspondientes notificaciones, avisos,
mensajes, noticias, etc… dependiendo de la aplicación, en la
pantalla de inicio.

Buscar (Search)

Aquí podrá configurar que aplicaciones quiere añadir en sus búsquedas por defecto, al igual que podrá habilitar las opciones de mostrar las búsquedas más frecuentes, permitir a que el sistema le haga sugerencias de búsqueda o borrar los historiales de búsqueda.

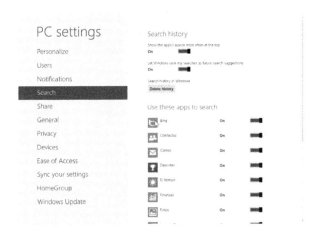

Compartir (Share)

Aquí usted podrá configurar varias opciones sobre la manera de compartir su información. La principal característica de esta opción es de activar diversas aplicaciones para que puedan compartir información entre ellas. En este caso, el Correo, Contactos y Skydrive, con lo que podrá pasar archivos de una aplicación a otra simplemente arrastrando con el ratón un archivo de una aplicación a otra.

General

Aquí podrá configura muchísimas opciones sobre el sistema operativo en una sola pantalla. Opciones como la hora, el idioma o configuraciones más avanzadas.

Privacidad (Privacy)

Aquí podrá configurar que información privada quiere que sea pública o no.

Dispositivos (Devices)

Desde aquí usted podrá añadir nuevos dispositivos de hardware a su equipo de con un asistente de instalación que le guiará a lo largo de todo el proceso. También podrá ver que dispositivos tiene instalados en su equipo, la información sobre estos y una nueva opción para mejorar el funcionamiento del hardware del equipo.

Accesibilidad (Easy to Acces)

Desde aquí podrá configurar varias opciones que le resultarán de ayuda a aquellas personas que tengan algún tipo de deficiencia física, lo cual mediante esta opciones podrá adaptar sus sistema operativo para obtener una mejor experiencia de trabajo con su equipo.

Sincronización de Aplicaciones

Desde aquí podrás sincronizar diversas aplicaciones y funciones de su sistema operativo.

Grupo Hogar (HomeGroup)

Desde aquí usted podrá configurar que información compartir dentro de su grupo hogar de la red doméstica o de trabajo local, además de disponer de más opciones.

Windows Update

Windows Update es la aplicación de que utiliza Microsoft para poder actualizar los sistemas operativos, desde aquí podrá consultar si tiene actualizaciones pendientes de realizar o las que han sido recientemente instaladas.

GESTIÓN DE USUARIOS

Administración de cuentas de usuario

Una **cuenta de usuario** es lo que le permite iniciar sesión en Windows 8. De forma predeterminada, el equipo ya tiene una cuenta de usuario con permisos de **Administrador**, que se requiere para instalar Windows 8. Si va a compartir su ordenador, puede crear una cuenta de usuario para cada miembro de su hogar u oficina.

También puede optar por asociar cualquier nueva cuenta de usuario con una cuenta **de Microsoft**. Iniciar sesión con una **cuenta de Microsoft** traerá todos sus archivos de **SkyDrive**, **Contactos**, y mucho más en la **pantalla de inicio**. Incluso puede iniciar sesión en otro equipo que tenga Windows 8, y todos sus archivos más importantes estarán allí gracias a **SkyDrive**.

A continuación, veremos cómo **agregar**, **administrar** y **cambiar cuentas de usuario**. También veremos como se configura el **control parental** para usuarios individuales.

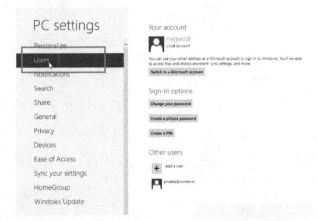

Añadir usuarios

Añadir nuevas cuentas de usuario a su ordenador es muy sencillo. Conectar a los usuarios a una cuenta de Microsoft les ayudará a sacar el máximo rendimiento a Windows 8, pero también se pueden agregar cuentas de usuario local que sólo existen en el ordenador, esto por si el usuario prefiere no crear una cuenta de Microsoft.

Debes iniciar la sesión como administrador para poder **añadir** un nuevo usuario.

Añadir un nuevo usuario con una cuenta de Microsoft

1.   En la **pantalla de inicio**, coloque el puntero del ratón en la esquina inferior derecha para acceder a la **barra Charms** y seleccione **Configuración (Settings)**.

2. Seleccione **Cambiar configuración de PC (Change PC Settings)**.

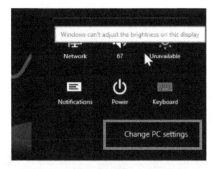

3. Verá la **Configuración de PC (PC Settings)**. Seleccione **Usuarios (Users)** en el lado izquierdo.

4.   El panel **Otros Usuarios (Other users)** aparecerá en la parte inferior derecha. Seleccione **Añadir un usuario (Add a user).**

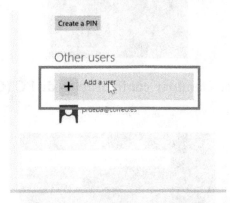

5.   Introduzca el nombre del usuario de la **cuenta de Microsoft** y haga clic en **Siguiente (Next)** para continuar.

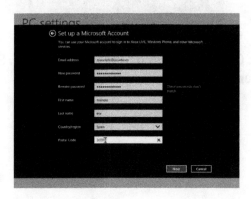

6.   También si lo desea, puede marcar la casilla para activar el **control parental** sobre el usuario que está creando.

7.   Haga clic en **Finalizar (Finish)**.

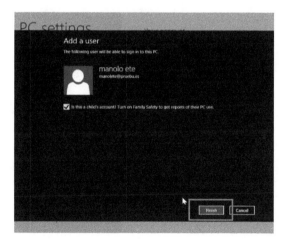

8.   Ahora **se ha añadido** el usuario.

Añadir un usuario local

1.   Vaya a los **usuarios (users)** en el panel de **Configuración de PC (PC Settings).**

2.   Haga clic en **Añadir un usuario (Add users).**

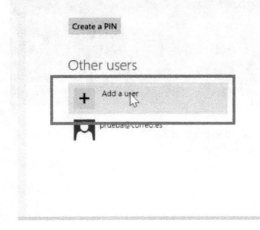

3.   Seleccione Iniciar **sesión sin una cuenta de Microsoft (Sign-in without a Microsoft account).**

3.   Haga clic en **Cuenta Local (Local Account)** para continuar.

4.   Escriba un **nombre** de cuenta y su **contraseña**.   Es importante elegir una contraseña fuerte, es decir, que sea fácil de recordar, pero difícil de adivinar.

5.   Después de escribir la contraseña, incluya una pista y haga clic en **Siguiente (Next)** para continuar.

6.   También si lo desea, puede marcar la casilla para activar el **control parental** sobre el usuario que está creando.

7.   Haga clic en **Finalizar (Finnish)**.

8.   Se acaba de añadir el **Nuevo** usuario. Debajo del nombre aparece la distinción de cuenta **local (local account).**

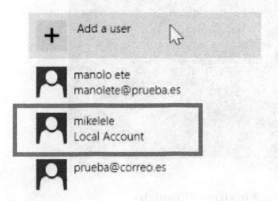

Cambio de usuarios

Si tiene varias cuentas de usuario en su ordenador, es fácil cambiar entre usuarios sin cerrar la sesión o cerrar las aplicaciones que está usando. El cambio de usuarios bloquea al usuario actual, por lo que no tendrá que preocuparse de que otra persona pueda acceder a su cuenta.

Para cambiar de usuario, haga clic en el usuario actual en la parte superior derecha de la **pantalla de inicio** y luego seleccione el usuario deseado en el menú desplegable. El usuario tendrá que introducir su contraseña para iniciar sesión

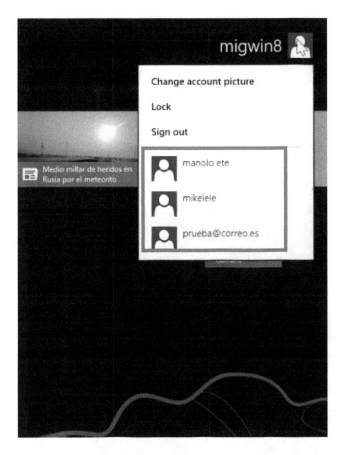

Puede volver a seleccionar el usuario deseado en el menú desplegable. Tendrá que volver a introducir la contraseña para desbloquear la cuenta.

Administración de cuentas de usuario

Por defecto, la cuenta de usuario que se crea al instalar Windows 8 es una cuenta de administrador. Una **cuenta de administrador** le permite realizar cambios de nivel superior en el equipo, como añadir nuevos usuarios o modificar todo tipo de ajustes. La cuenta de administrador representa el nivel más alto de permisos dentro de los usuarios que gestiona Windows 8. Cualquier usuario que añada se asigna automáticamente a una **Cuenta estándar**, que debería de satisfacer las necesidades cotidianas de la mayoría de los usuarios.

Cómo cambiar el tipo de cuenta

1.   Desde el punto de vista de Escritorio, mueva el ratón en la esquina inferior derecha para acceder a la **barra Charms** y seleccione **Configuración (Settings)**.

2.   Seleccione el **Panel de control (Control Panel)** desde el panel de configuración.

3.   En el **Panel de Control**. Seleccione **Cambiar tipo de cuenta (Change account type)** por debajo de las **cuentas de usuario y seguridad familiar (User Accounts and Familiy Safely)**

4. Aparecerá el cuadro de diálogo **Administrar cuentas (Manage Accounts)**. Seleccione la cuenta de usuario que desee.

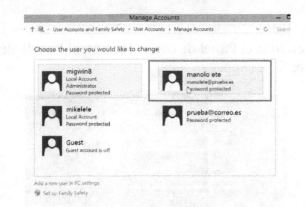

5. aparecerá el cuadro de diálogo **Cambiar tipo de Cuenta (change the account type)**. Seleccione Administrador (**Administrator**) y seleccione **Cambiar tipo de Cuenta (change the account type)**. Ahora el usuario tendrá permisos de administrador.

Control parental

Los controles parentales son características que pueden ser incluidos en los servicios de televisión digital, juegos de ordenador, vídeos, teléfono móvil y en el software. Los controles parentales se dividen en aproximadamente cuatro categorías, filtros de contenido , que limitan el acceso a contenido apropiado definido por la edad, controles de uso, que limitan el uso de estos dispositivos, tales como la poniendo límites de tiempo en el uso o prohibir ciertos tipos de uso, herramientas de gestión del uso de computadora , que permite a los padres hacer cumplir al niño el tiempo de aprendizaje para la que usa el ordenador (trabajos académicos, consultas en Internet, etc…), y monitoreo , que puede rastrear la ubicación y la actividad cuando se utilizan los dispositivos.

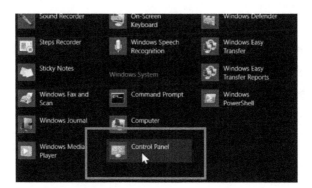

Los Filtros de contenido, fueron el primer tipo de control parental para limitar el acceso a contenidos de Internet. Los controles se están aplicando a contenidos que van desde canciones explícitas a las películas censurables disponibles para su compra online.

Windows 8 ofrece una buena variedad de controles parentales que le pueden ayudar a controlar la actividad de sus hijos y protegerlos de contenidos inadecuados. Por ejemplo, puede restringir ciertas aplicaciones y sitios web o limitar la cantidad de tiempo que un usuario puede pasar en el ordenador. Tendrá que añadir una cuenta para cada usuario que desee supervisar.

Configurar los controles parentales
1.   Desde el **Panel de control**, seleccione **Configurar Protección infantil** para cualquier usuario por debajo de las **cuentas de usuario y Protección infantil**.

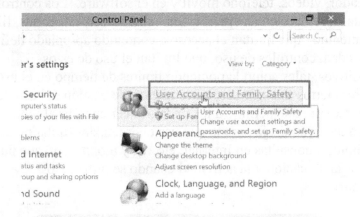

2.   Aparecerá el cuadro de diálogo de **Cuentas de Usuario y Protección Infantil (Users Accounts and Family Safely)**. Haga clic sobre el botón **Protección Infantil (Family Safely)**.

2.   Seleccione al usuario sobre el que quiere aplicar las **Protección infantil**.

3.   Aparecerá el panel de configuración de **Protección infantil**. Asegúrese de **Protección infantil** está activada. A continuación, podrá configurar el control parental para el usuario seleccionado.

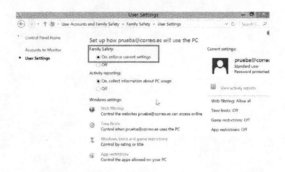

4.   **Filtrado Web (Web Filtering).** Aquí puede aplicar diversos permisos sobre los contenidos de las páginas web que el usuario podrá ver o no ver. Ya que usted puede configurar los filtros en base a lo que **Permite (Allow)** y lo que **No Permite (Not Allow).**

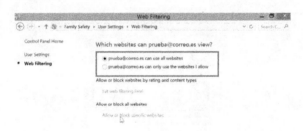

5.   **Límites de Tiempo (Time Limits).** Puedes configurar el tiempo de uso, los horarios y los días de uso de un equipo al usuario.

6. **Restricciones en Juegos y Windows Store (Game and Windows Store Restriction).** Puede limitar el uso de los juegos y de las aplicaciones de la Windows Store.

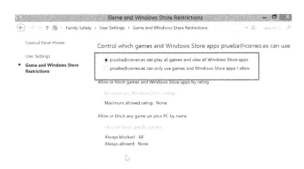

7. **Límites de Aplicaciones (App Restrictions).** Puede controlar que aplicaciones puede o no puede usar el usuario.

MANTENIMIENTO DEL SISTEMA OPERATIVO

Seguridad y Mantenimiento

Windows 8 es la versión más segura de todas las versiones desarrolladas por Microsoft hasta la fecha. Se ha reducido el riesgo en las descargas de software dañino porque las aplicaciones que vamos a usar en la **pantalla de inicio** están bien diseñadas y aprobadas por Microsoft.

A continuación, verá más sobre cómo Windows 8 protege su ordenador. También veremos el uso del Centro de resolución de posibles riesgos de seguridad, el Centro de solución de problemas en el ordenador, y cómo restaurar el sistema.

Windows Server Update Services (WSUS)

El **Microsoft Windows Server Update Services (WSUS)** permite que las últimas actualizaciones de los productos de Microsoft Server 2000, 2003 y 2008, al igual que el Microsoft Windows XP, Vista, Windows 7 y Windows 8 y de la gran mayoría de productos de Microsoft que sean gestionados por los administradores y distribuidos en una red de equipos informáticos, así serán distribuidas a todas las máquinas de la red que podemos o no estar en un dominio.

Las actualizaciones son lanzadas de acuerdo con la disponibilidad del servicio de Microsoft Update. El Servidor Windows Server Update Service es una aplicación que debe de estar instalada en un servidor que tenga instalado del Windows 2003 o 2008, dentro de una red de equipos informáticos y que estea bajo la protección de un firewall. El servidor WSUS dispone las actualizaciones en paquetes para las máquinas que están configuradas con una **Group Policy (GPO)** específica, que altera la ruta de acceso al **Windows Update** en las máquinas de toda la red.

En primer lugar el servidor debe de tener acceso a Internet, para así poder acceder al sitio de Microsoft Update y bajarse las actualizaciones, almacenándolas en un banco de datos y después distribuyéndolas por toda la red. Así el administrador de la red podrá determinar que paquetes y cuando deberán de estar disponibles en la red, de acuerdo con sus necesidades. Evitando así la dependencia de las máquinas de tener que estar conectadas a Internet para recibir actualizaciones, y evitando un probable colapso al realizar cientos o miles de descargas a web, en empresas o corporaciones grandes.

Las actualizaciones pueden ser descargadas conforme las configure específicamente el administrador de redes, que configuró el servidor. Los administradores pueden escoger que actualizaciones pueden ser descargadas durante la sincronización.

El administrador tiene el control de aprobar o rechazar las actualizaciones conforme a sus necesidades. El grupo de equipos informáticos puede ser organizado de acuerdo a las necesidades de la empresa o corporación , en el caso de algunas aplicaciones, pueden ser perjudicadas con la instalación de algunas actualizaciones, para recibir actualizaciones automáticas, así deberá testear si las actualizaciones son recomendables para las aplicaciones que se usan en la empresa o corporación, evitando de esta manera, posibles problemas debido a las actualizaciones del sistema.

Las actualizaciones clasificadas como Críticas o de Seguridad son automáticamente aprobadas para su instalación.

La base de datos de WSUS guarda las actualizaciones que fueron realizadas en los clientes y las actualizaciones bajadas por el servidor, gestionando así un relación con el estatus de cada equipo informático de la red, facilitando la administración.
El WSUS permite a los administradores configurar una interfaz de gestión dividida en grupos, por su tipo de actualización, así cada cliente recibe las debidas actualizaciones que le corresponde, sean automáticas o enviadas por el administrador de la red.

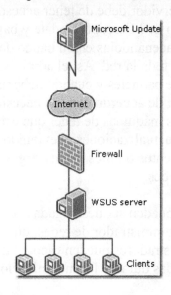

Características de seguridad en Windows 8
Windows 8 utiliza una amplia variedad de herramientas para protegerse de los virus, malware y otros programas malintencionados o de aplicaciones que puedan ser perjudiciales para su equipo. Muchos de estos servicios se ejecutan en segundo plano, por lo que ni siquiera notará que están trabajando constantemente para mantenerse a salvo.

- **Control de cuentas de usuario**
El Control de cuentas de usuario le avisa cuando un programa o un usuario intenta cambiar la configuración del equipo. Su pantalla será bloqueada temporalmente hasta que un administrador puede

confirmar los cambios. Esto ayuda a proteger su equipo contra software malicioso y los cambios accidentales. El Control de cuentas de usuario también le permite configurar la frecuencia con la que recibirá estas advertencias.

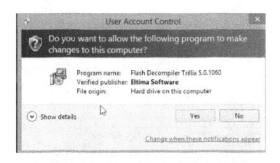

- **Windows Defender**

Windows Defender es un producto de software que ayuda a detectar y eliminar los programas maliciosos. Windows Defender fue inicialmente un programa anti spyware, que se incluyó en Windows Vista y Windows 7 y está disponible como descarga gratuita para Windows XP y Windows Server 2003. En Windows 8, sin embargo, se actualiza como un programa antivirus.

Antes de Windows 8, Windows Defender tenia funciones antispyware. Windows Defender chequeaba en tiempo real los procesos de Windows detectando posibles cambios causados por spyware. También incluye la capacidad de eliminar el software ActiveX instalado. También integra soporte para Microsoft SpyNet que permite a los usuarios informar a Microsoft lo que ellos consideran que es spyware, y qué aplicaciones y controladores de dispositivos tienen permisos para ser instalados en su sistema. En Windows 8, la funcionalidad se ha incrementado para ofrecer protección antivirus. En Windows 8 se integra con Microsoft Security Essentials y utiliza las mismas definiciones de virus.

Se incorporan las opciones de protección de Windows Defender en tiempo real en, el usuario puede configurar en tiempo real de las opciones de protección de su dispositivo. Se integra con Internet Explorer lo que permite que los archivos sean escaneados mientras se descargan para asegurar que no descarguemos software malicioso. A pesar de que no se integra con Firefox, Chrome y otros navegadores, Windows Defender todavía escanea todos los archivos descargados como parte de la protección en tiempo real.

Windows Defender se desactivará automáticamente si detecta que el software instalado pertenece a un fabricante conocido, y está diseñado para permanecer activo sólo si no detecta ningún antivirus instalado, o si detecta que la suscripción del antivirus ha caducado.

Windows 8 también es compatible con el mecanismo de arranque seguro de los sistemas UEFI. Realiza un proceso para verificar la integridad del gestor de arranque de Windows evitando que ningún tipo de malware infecte el sistema de arranque del sistema operativo.

Usar Windows Defender para analizar los archivos y unidades de Windows 8

Paso 1: En Windows 8, vaya a la pantalla de Inicio y escriba 'Windows Defender' siguió golpeando la tecla para iniciar el Defensor Intro.

Paso 2: Haga clic en la ficha Inicio, vaya a la opción de escaneo rápido o completo y pulse **Analizar ahora** para iniciar el proceso.

Paso 3: Para escanear cualquier carpeta / unidad en particular, optar por análisis personalizado y haga clic en Escanear opción. A continuación, puede ver la carpeta específica que desea escanear.

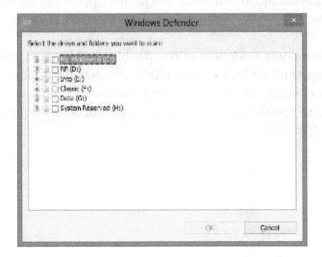

Tenga en cuenta que las unidades extraíbles, como Unidad flash USB no serán escaneadas en una búsqueda completa con la configuración predeterminada de Windows Defender. Para añadir su exploración en la opción de exploración completa, seleccione la ficha **Configuración (Settings)** y vaya a la opción **Advanced** y active las unidades extraíbles en las opciones de exploración.

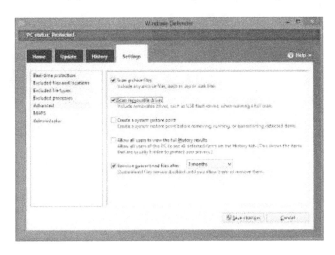

Quitar Windows Defender en Windows 8

Si usted quiere desactivar el **Windows Defender** para instalar su propio antivirus, deberá desactivar el **Windows Defender**, si desea instalar cualquier otra aplicación antivirus. Para desactivarlo, haga clic en el menú "**Inicio**" y seleccione la pestaña "**Configuración**". Aquí para buscar la opción "**Servicios**" y abra "**Ver Servicios locales**" (**View local services**).

Ahora aparecerá un lista. Busque la opción "**Windows Defender Service**". Haga clic derecho sobre ella y seleccione la opción "**Stop**".

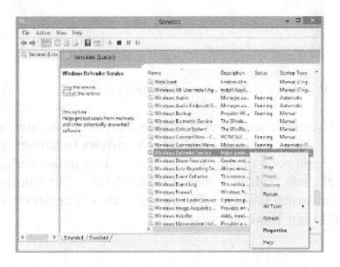

Ahora el servicio de **Windows Defender** se desactivará, pero al reiniciar el sistema, se activará automáticamente. Por lo tanto, se debe desactivar el "**Inicio**". Haga clic derecho de nuevo y vaya a la opción "**Propiedades**". Despliegue la lista de "**Tipo de inicio**" **(Startup type)**, seleccione "**Disabled**" y guarde la configuración.

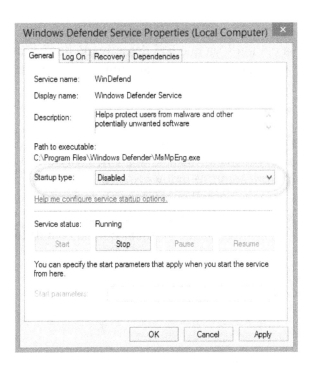

Ahora su **Defender Windows** ha sido apagado. Puede instalar el programa antivirus deseado ahora.

Opción alternativa:
Hay otra manera más fácil de desactivar su programa **Windows Defender**. Sólo tiene que abrir **Windows Defender** y seleccione la opción "**Configuración**". Aquí encontrará la opción "**Desactivar Windows Defender**" (**Turn on Windows Defender**) en la sección "**Administración**" (**Administrator**).

Seleccione la opción y ya quedará desactivado de forma
permanente y podrá realizar la instalación de su antivirus en su
sistema de Windows 8.

- **SmartScreen de Windows**

Cada vez que el ordenador detecta una amenaza de seguridad de un
archivo o una aplicación, Windows SmartScreen se lo indica
mediante un aviso a pantalla completa. Cada vez que vea esta
pantalla de aviso, deberá optar por no abrir el archivo o la
aplicación a menos que pueda verificar que no va a dañar el
equipo.

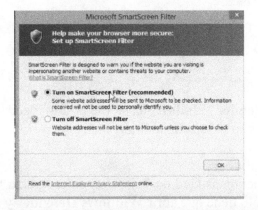

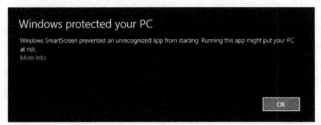

- **Firewall de Windows**

De forma predeterminada, Windows 8 va a proteger su conexión a
Internet con el Firewall de Windows. Un firewall impide el acceso
no autorizado de las conexiones externas y ayuda a proteger su red
contra las amenazas que podrían dañar su equipo.

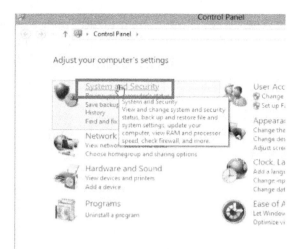

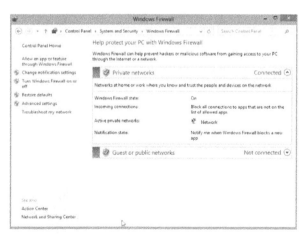

El Centro de Acción

El **Centro de Acción** es un lugar centralizado para ver los mensajes de seguridad y mantenimiento, lo que hace que sea más fácil de identificar y resolver los problemas en el ordenador. Desde el **Centro de Acción** se puede acceder a la vista del escritorio.

Abrir el Centro de Acción

Si tiene mensajes importantes, el icono de la bandera en la barra de tareas mostrará un símbolo rojo X.

1.   Para abrir el **Centro de Acción**, haga clic en el icono de la bandera en la barra de tareas.

2.   Aparecerán los mensajes más actuales y podrá verlos con mayor detalle pulsando el botón **Abrir Centro de Acción (Open Action Center).**

Solución de Problemas con el Centro de Acción

Los mensajes actuales se muestran en el panel del **Centro de Acción**. El color rojo indica los mensajes más importantes, mientras que el color amarillo indica aquellos que no requieren atención inmediata. Aparecerá un botón a la derecha de un mensaje si   existe una solución para el problema de seguridad o mantenimiento.

Para solucionar un problema, haga clic en el botón de solución y siga las instrucciones que aparecen en la pantalla. Cuando haya terminado, el mensaje desaparecerá del **Centro de Acción**.

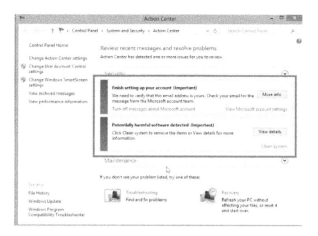

Algunos mensajes son sólo notificaciones y no indican un problema en el ordenador. Estos mensajes no incluirán un botón de solución, pero puede tener información importante.

Solución de problemas
No todos los problemas de la computadora aparecerán en el **Centro de Acción**. Por ejemplo, es posible que tenga problemas con un programa o dispositivo o conexión a Internet. Para estos tipos de problemas, tendrá que abrir el panel de solución de problemas.

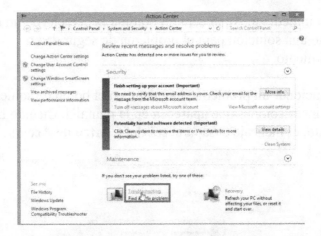

Para acceder al panel de solución de problemas, haga clic en
Solución de problemas en la parte inferior del **Centro de Acción**.
Tendrá varias opciones que le ayudarán a identificar y solucionar
problemas con el software y el hardware.

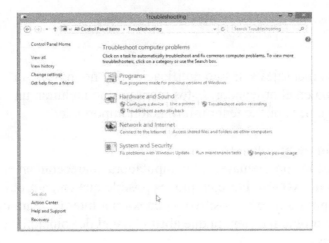

Reparar el Sistema

Windows 8 puede detectar cuando el sistema experimenta
problemas que impiden que el sistema funcione correctamente, y
se iniciará automáticamente un menú de inicio para acceder a
funciones avanzadas de diagnóstico y reparación.

Para ello añade las opciones **Restaurar** y **Restablecer**, que permiten al usuario volver a instalar Windows sin necesidad de utilizar medios de instalación; ambas opciones reiniciarán el sistema a un entorno de recuperación de Windows para realizar la operación solicitada. **Restaurar** conserva los perfiles de usuario, configuraciones y aplicaciones, mientras que reformatea la partición del sistema y vuelve a instalar el sistema operativo completo. La función de restauración realiza procedimientos de limpieza especializada del disco duro con una mayor seguridad. Ambas operaciones eliminan todas las aplicaciones de escritorio instaladas en el sistema. Los usuarios también pueden crear una imagen del disco duro personalizada para usar con **Restaurar** y **Restablecer**. En resumen, **Restaurar** restaura todos los archivos de Windows a su estado anterior, manteniendo la configuración, archivos y algunas aplicaciones, mientras que **Restablecer** el equipo vuelva a la configuración inicial de fábrica.

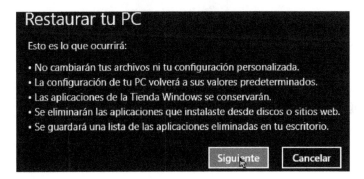

También existe otro método de reparación del sistema, y esta es la opción de **Restaurar Sistema**. De vez en cuando puede tener problemas con el equipo después de abrir ciertos archivos o aplicaciones de Internet, que puede afectar a la configuración del sistema. **Restaurar sistema** es a menudo la manera más fácil de solucionar este tipo de problemas. **Restaurar sistema** le permite "rebobinar" la configuración del sistema a un punto anterior en el tiempo, llamado **punto de restauración**. Tenga en cuenta que una **restauración del sistema** no borrará los archivos recién creados, ni puede ser utilizado para recuperar documentos perdidos u otros archivos. Sin embargo, puede desinstalar aplicaciones añadidas recientemente y drivers. Para ello:

1.   Dentro del **Panel de Control** vamos al **Sistemas y Seguridad (System and Security).**

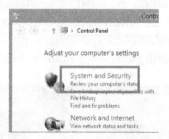

2.   Ahora haga clic sobre **Opciones Avanzadas de Configuración (Advanced System Setting).**

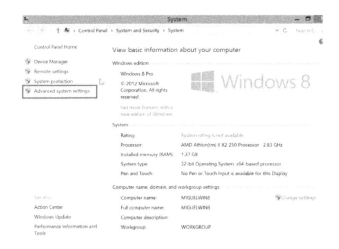

3.   Verá la pantalla de **Propiedades del Sistema (System Properties)**. Vamos a la Pestaña **Protección del Sistema (System Protection)** y hacemos clic sobre el botón **Restaurar Sistema (System Restore).**

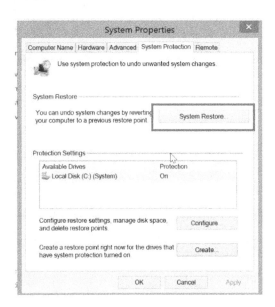

6. Verá la pantalla que le guiará en el proceso de **Restauración del Sistema**. Haga clic sobre **Siguiente (Next).**

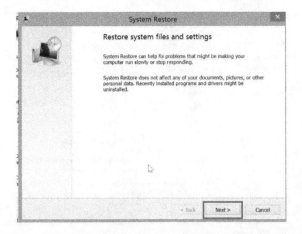

5.   Verá una pantalla que le mostrará los distintos **puntos de restauración** que tiene almacenados. Seleccione un **punto de restauración** y haga clic sobre el botón **Siguiente (Next).**

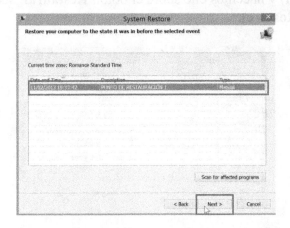

6.   Ya para finalizar, haga clic en el botón **Finalizar (Finish),** y comenzará el proceso de **Restauración del Sistema**. Esta operación puede durar varios minutos.

Administrador de Tareas

Windows 8 incluye una versión revisada del Administrador de tareas de Windows, donde se hicieron los siguientes los cambios:

- Las pestañas están ocultas por defecto.

- La vista principal sólo muestra las aplicaciones
- La ficha **Procesos (Processes)** muestra usando un mapa de calor, los tonos de color amarillo más oscuros representan un mayor uso.

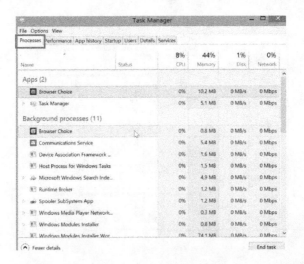

- La pestaña **Rendimiento (Performance)** se divide en CPU, memoria, disco, Ethernet y la red inalámbrica. Hay gráficos generales para recurso utilizado, y haciendo clic en cada uno ellos, se muestran los detalles de cada recurso en particular

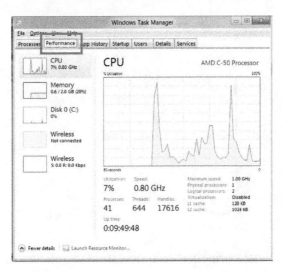

- La ficha CPU ya no muestra los gráficos individuales para cada procesador lógico del sistema sino que ahora muestran los datos de cada nodo NUMA.

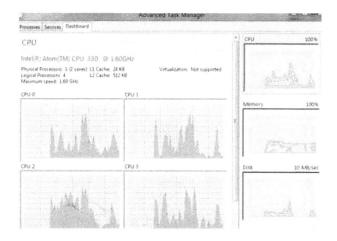

- La ficha CPU muestra porcentajes simples en las baldosas de los mapas de calor, para mostrar la utilización de los procesadores lógicos. El color utilizado para estos mapas de calor es de color azul, un color más oscuro indica una mayor utilización.

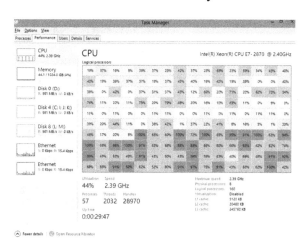

- Al pasar el cursor por encima de los datos de cualquier procesador lógico ahora muestra la NUMA de ese procesador y su ID.
- Se ha añadido una nueva pestaña de **Inicio (Startup)** que enumera las aplicaciones de inicio y su impacto en el momento del arranque del equipo o dispositivo.

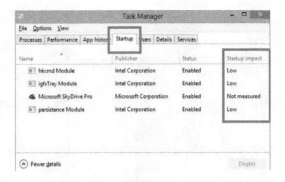

- La pestaña **Procesos** muestra una lista de nombres de aplicación, el estado de la aplicación y los datos generales de uso de CPU, memoria, disco duro y recursos de red para cada proceso.
- El **Monitor de Recursos (Resource Monitor).** Muestra el consumo de los recursos de nuestro equipo informático en tiempo real mediante gráficas.

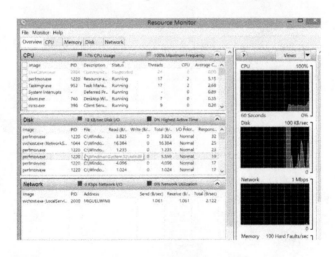

- La pestaña **Detalles (Details).** Mostrará los procesos que se están ejecutando con un mayor número de datos.

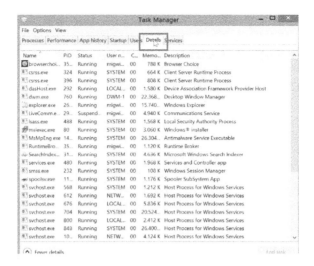

- La pestaña **Usuarios (Users).** Podrá ver los usuarios activos y los recursos el equipo que está consumiendo.

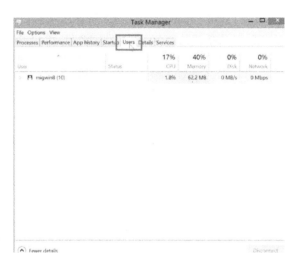

- También tenemos el **Historial del Aplicaciones**.

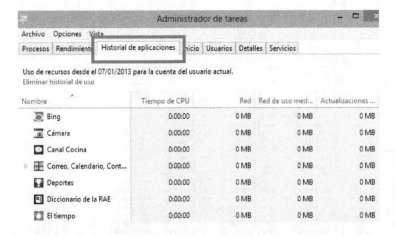

El nuevo administrador de tareas reconoce cuando una aplicación WinRT está en estado "Suspendido".

Windows To Go
 Windows To Go es una característica de Windows 8 Enterprise Server que permite a los usuarios crear un arranque USB Flash Drive (normalmente se llama un Live USB) con Windows 8 instalado, incluyendo los programas del usuario, la configuración y archivos.

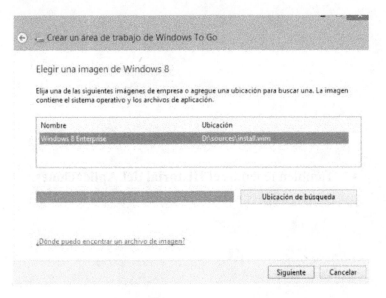

Virtualización

La **Virtualización** es el proceso de ejecutar varios sistemas operativos en un único equipo. Una máquina virtual es un sistema operativo completo que se comporta como si fuese una computadora independiente. Con una virtualización, un servidor puede mantener varios sistemas operativos en uso.

La **virtualización** es la creación de una versión virtual de algún recurso tecnológico, como puede ser una plataforma de hardware, un sistema operativo, un dispositivo de almacenamiento u otros recursos de red.

También es la abstracción de los recursos de una computadora, llamada **Hypervisor** que crea una capa de abstracción entre el hardware de la máquina física, equipo anfitrión, y el sistema operativo de la máquina virtual, equipo invitado, dividiendo el recurso en uno o más entornos de ejecución, en otras palabras, es como tener varios sistemas operativos dentro de un sistema operativo anfitrión.

Las máquinas virtuales más famosas son **VirtualBox, Microsoft Virtual PC** y el **VMWare Server**, donde en la mayoría de los casos sirven como virtualizadores domésticos y para pequeñas empresas, vamos a ver algunas características y ajustes de estas máquinas vituales.

VirtualBox es ligero y fácil de configurar, y es compatible con la gran mayoría de los sistemas operativos y no consume muchos recursos del equipo informáticos.

MS Visual PC es de los tres que mencionamos el menos usado, es una aplicación que Microsoft no ha mejorado mucho en los últimos años, está bastante estancada.

VMWare es posiblemente la máquina virtual más importante del mercado, y con mayor respaldo tecnológico. El VMWare no es un emulador, va en un nivel más bajo, donde el procesador llega a veces a ejecutar directamente el código de la máquina virtual.

Cuando esto no es posible, el código es convertido de forma en la que el procesador no necesita cambiar para el modo real, que sería una pérdida de tiempo.

Sus funcionalidades son:

- **Hypervisor**: es el núcleo de la solución de virtualización, responsable de particionar, encapsular e isolar los recursos de la máquina para la utilización en ambientes virtuales.
- **VMFS**: VMWare file system es la base para crear un datacenter virtual y permite que sean montados pools de recursos distribuidos.
- **Virtual SMP**: permite que máquinas virtuales tengan más de un procesador vitual.
- **Update Manager**: automatiza y facilita el update en el ESX Server y en máquinas vituales.

Hyper-V

Windows Server era el único sistema operativo de Windows que contaba con la tecnología Hyper-V, un hipervisor nativo que ahora, también se incluye en Windows 8 Pro, sustituyendo al Virtual PC de Windows.

Espacios de almacenamiento

Espacios de almacenamiento es una tecnología de virtualización de almacenamiento que sucede al Administrador de discos lógicos y que permite la organización de los discos físicos en volúmenes lógicos similares a Logical Volume Manager (Linux), RAID 1 o RAID 5, pero con un nivel de abstracción más alto.

Un **espacio de almacenamiento** se comporta para el usuario como un disco físico. Los espacios están organizados en una agrupación de almacenamiento, es decir, una colección de discos físicos, que pueden abarcar varios discos de diferentes tamaños, de rendimiento o de tecnología (USB, SATA, SAS). El proceso de agregar nuevos discos o reemplazar los discos estropeados es totalmente automático, y se puede controlar con comandos de la PowerShell. La misma agrupación de almacenamiento puede alojar múltiples espacios de almacenamiento. **Espacios de almacenamiento** ha incorporado una resistencia para los fallos de disco, que se logra ya sea por la duplicación de discos o bandas con paridad en los discos físicos. Cada agrupación de almacenamiento en el sistema de archivos se limita a 4 PB (4096 TB), pero no hay ningún límite en el número total de agrupaciones de almacenamiento o el número de espacios de almacenamiento dentro de un clúster.

Crear un espacio de almacenamiento
1. Abrir el **Panel de Control**. Para ello abrimos la **barra Charms** y pinchamos sobre **Panel de Control**.

2. Verá el **Panel de Control**. Haga clic sobre **Sistemas y Seguridad (System and Security).**

3.   Verá el Administrador **de espacios de almacenamiento**. Haga clic sobre **Crear un nuevo grupo y espacios de almacenamient**o.

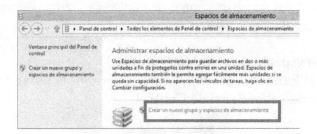

4.   Verá el formulario con los datos del espacio de almacenamiento que está creando. Cubra todos los datos y finalice pulsando el botón **Crear espacio de almacenamiento.**

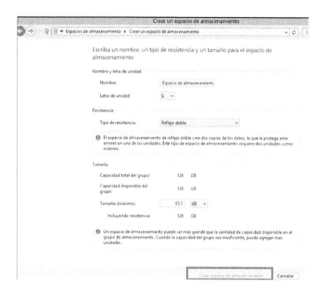

PowerShell 3.0

PowerShell es la plataforma de Microsoft para la automatización de tareas y un componente fundamental para la gestión de Windows. La Versión 3 ha estado en fase beta desde hace tiempo, pero la versión final se incluye con Windows 8.

Bloquear sitios web que desee en Windows 8 archivo Hosts

¿Qué es el archivo **host** de Windows 8 ?

Cada sitio web tiene un número de dominio numérico y cuando alguna vez un sitio web se conecta o trata de acercarse a ese sitio web, nuestro PC hace la conexión entre el sitio web con nuestro PC con la ayuda de la dirección IP numérica.

El archivo **host** alojado en tu PC es un archivo cuya actitud se puede anular. Los archivos host se pueden editar y gestionar de una manera que usted puede dirigirse a cualquier dirección IP. Este fichero es utilizado por muchos administradores de sistemas para poner fin al acceso de muchos sitios web. Como por ejemplo, se puede señalar Facebook.com a 127.0.0.1, que es la dirección IP local del ordenador. Cuando alguien trata de acceder a Facebook.com en el equipo, el equipo intentará conectarse a sí mismo a 127.0.0.1. No buscará servidor web, por lo que la conexión, con el tiempo, producirá un error.

Desgraciadamente, los archivos host son en su mayoría las editados por malware. Al igual que con el malware, puede dirigirse demasiados sitios web como el de Facebook con varias direcciones IP. Algunos sitios web también pueden disfrazarse de www.facebook.com, con objetivos fraudulentos, y el usuario cuando mire a la barra de direcciones, considera que es Facebook y continuará con su uso, sin saber que él está usando un sitio web fraudulento.

Para muchos usuarios, esta es una de las características de seguridad más importantes y no permitirán que los archivos **hosts** se puedan editar.

Formas de eludir la restricción

Con la ayuda de estas limitaciones, en Windows Defender, hay muchas opciones de pasar a través de ellas:

- **Excluir el archivo hosts de ser monitoreados en Windows Defender de Windows:** Defender es muy recomendable en lugar de que cualquier otro antivirus.
- **Instale un antivirus de terceros:** Otro antivirus puede no funcionar tan bien con sus archivos de host. Sin embargo, al instalar cualquier otro antivirus, el Windows Defender se desactivará automáticamente.

La desactivación de la Windows Defender se puede hacer por el usuario. Pero esto no es una buena idea, ya que tiene una varias capas de seguridad que pueden ser útiles para su propio PC.

Excluyendo el archivo Hosts
Para colocar los archivos de host en una zona separada, abra **Windows Defender**, pulse la tecla **Win**, escriba "**Windows Defender**" y pulsa **enter**.

Elija la categoría de **archivos y lugares excluídos (Excluded files and locations)** en el menú de **Configuración**.

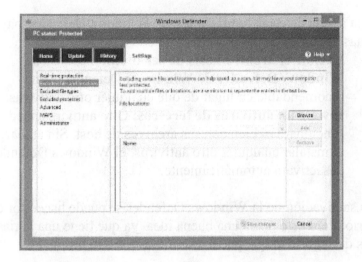

Abra el explorador (Browse) y vaya hasta la siguiente ruta:
C: \Windows\System32\Drivers\etc\hosts

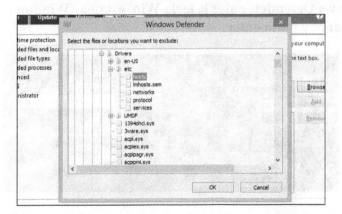

Guarde los cambios pulsando en **"Guardar cambios"**, después de haga clic sobre el botón **Añadir (Add)**.

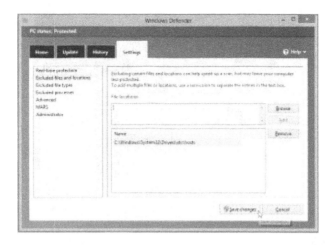

Los archivos de host pueden ser fácilmente editados.

Edición del archivo Hosts

Los ficheros **host** sólo pueden ser editables como administrador. Pero si usted intenta esto como usuario estándar, aparecerá el mensaje que indica que no se le permite al usuario hacer este tipo de acciones.

Como administrador, para ejecutar el **Bloc de Notas**, deberá pulsar la tecla **Win**, **Bloc de notas**, y haga clic sobre él para ejecutarlo.

Abra el **Bloc de notas** y busque el archivo siguiente:
C:\Windows\System32\Drivers\etc\hosts
Es necesario seleccionar en **Tipo de archivos**: **todos los archivos**
desde el cuadro de diálogo.

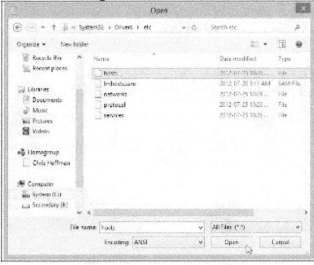

Para bloquear el acceso de cualquier sitio web, escriba una línea. A
continuación, escriba un número IP como 127.0.0.1, un espacio y,
a continuación, escriba el nombre del sitio web. Por ejemplo, para
la de Facebook, tipo siguiente:
127.0.0.1 facebook.com
127.0.0.1 example.com

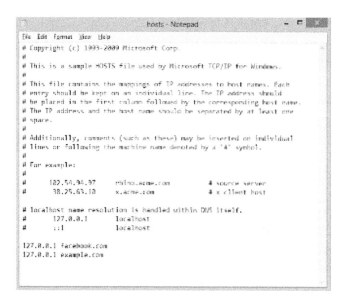

Guarde el fichero. Vea ahora el resultado, si abrimos un navegador e intentamos ir a la web de Facebook.com.

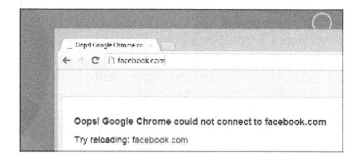

Arranque Seguro

Arranque seguro es un método basado en la función **UEFI** para prevenir firmware, sistemas operativos o controladores **UEFI** no autorizados se ejecute en el arranque.

En la especificación **UEFI** se define como un "**gestor de arranque**", un motor de políticas de firmware que se encarga de cargar los drivers del sistema operativo y todos los controladores necesarios para poder arrancar el sistema operativo.

La especificación **UEFI 2.2** añade un protocolo conocido como arranque seguro, que puede asegurar el proceso de arranque de un equipo informático, al evitar la carga de controladores o drivers en sistemas operativos que no están firmados con una firma digital aceptable. Cuando el arranque seguro está activado, se coloca inicialmente en "**Configuración**", lo que permite que una clave pública conocida como la "**Clave de plataforma**" (PK), que se escriben en el firmware. Una vez que la clave está escrita, el arranque seguro entra en el "**Usuario**", donde sólo los controladores y drivers firmados con la clave de la plataforma pueden cargar su firmware. A mayores, también están las "**Teclas de intercambio**" (KEK) que se pueden añadir a una base de datos almacenada en la memoria para permitir el uso de otros certificados, pero todavía debe tener una conexión a la parte privada de la clave de la plataforma.

Microsoft fue acusado por los críticos y los defensores de software de código libre / abierto (incluyendo la Free Software Foundation) de tratar de utilizar la funcionalidad de arranque seguro de **UEFI** para obstaculizar o impedir la instalación de sistemas operativos alternativos como Linux, al exigir que los nuevos equipos tengan que estar certificados para ejecutar su sistema operativo Windows 8 con un arranque de seguridad habilitado mediante una clave privada de Microsoft. A raíz de las críticas, Microsoft también requerirá que los fabricantes ofrecerán la posibilidad de **desactivar** la característica de inicio seguro en la arquitectura x86, pero no podrán ofrecer esa opción en la arquitectura **ARM**.

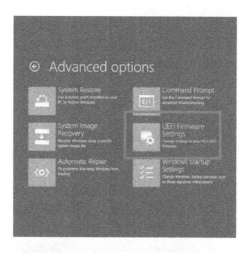

Los fabricantes de hardware que elijan la opción de certificación de Microsoft deben de aplicar el arranque seguro **UEFI**.

También se emplea la nueva tecnología de **Arranque Híbrido** que utilizará la tecnología de hibernación para permitir tiempos de arranque más rápidos por el ahorro de la memoria del núcleo de Windows en el disco duro y volver a cargarla durante el arranque.

Arranque dual Ubuntu y Windows 8

El Arranque dual implica que tenga dos o más sistemas operativos instalados en el equipo. Por ejemplo, uno puede tener dos versiones de 64 bits del sistema operativo como Windows 8 y Ubuntu 12.04 y que estos se ejecuten en el mismo equipo si el hardware lo admite.

Los sistemas operativos están instalados de una manera que uno actúa como un anfitrión y el otro es un sistema operativo huésped, pero ambos comparten igualmente los requisitos de hardware:

1. Asegúrese de realizar copias de seguridad de sus datos antes de comenzar con la instalación del sistema operativo.
2. Algunos ordenadores portátiles más modernos tienen el disco duro con particiones para permitir la recuperación que podría venir en la forma de la partición que desea tener para las instalaciones.
3. Realice este procedimiento bajo su propio riesgo. Con suerte, no se producirá ninguna pérdida o daño de datos de hardware.
4. Se trata de un procedimiento de aprendizaje.

Pasos para arranque dual Windows 8 y Ubuntu Linux

Paso 1: Cuándo la instalación de Windows 8 se ha completado con éxito, arranque en Windows 8 y busque el icono de la computadora en la pantalla del escritorio. Haga clic derecho sobre él y vaya a **Administrar**. Se iniciará la utilidad Administración de equipos.

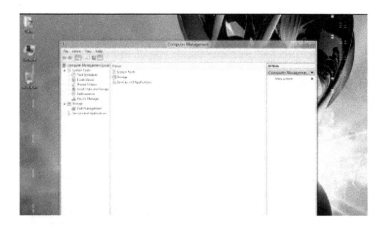

Paso 2: En la opción de almacenamiento que aparece en la esquina izquierda, verá en un menú plegable la opción de Administración de discos. Al hacer clic, se mostrará el disco duro y cualquier información existente de discos ópticos.

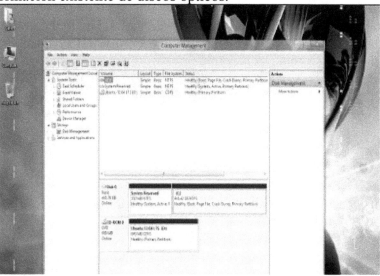

Paso 3: Aquí puede ver las particiones que se hacen antes de instalar Ubuntu desde un DVD. El disco duro tiene dos particiones.

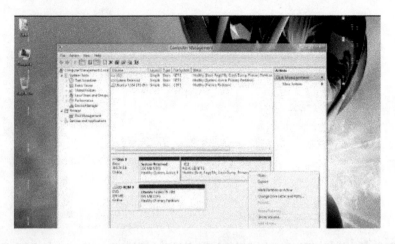

Paso 4: Verá una gran partición llamada **C**, haga clic derecho en él para abrir el cuadro de diálogo. Haga clic en **Reducir volumen (Shrink Volume…)**. Esto se traduce en que Windows dejará un poco de espacio para su nuevo sistema operativo que desea instalar. También puede utilizar software como Gparted para este fin, sin embargo, es mejor dejar que el propio Windows maneje las particiones.

Paso 5: Windows le notificará la cantidad de espacio que puede ser puesto a disposición del usuario sin interferir con el sistema. Por lo general, se le da el espacio de 30 GB para Ubuntu, pero sus requisitos de sistema operativo pueden diferir.

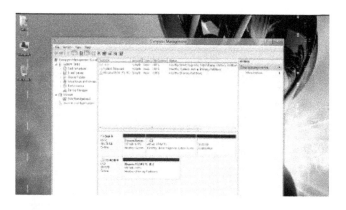

Paso 6: Va a ver el siguiente espacio hecho por Windows para el sistema operativo.

Ahora el sistema está listo para la instalación de otro sistema operativo, como el Ubuntu de este ejemplo. Suponiendo que usted ya sabe cómo ir a la utilidad de la BIOS para que el equipo arranque desde el DVD en vez que desde el disco duro. También puede usar un Live USB con Ubuntu en lugar de instalarlo, pero, su equipo deberá arrancar desde USB.

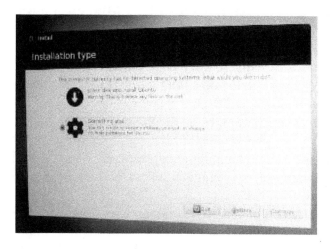

En este caso, el disco de Ubuntu no dió ninguna opción de preguntarle si desea instalar Ubuntu con instalaciones de Windows existentes, ya que no ha detectado la existencia de Windows 8. Las particiones tendrá que crearlas manualmente con la ayuda del espacio libre creado anteriormente.

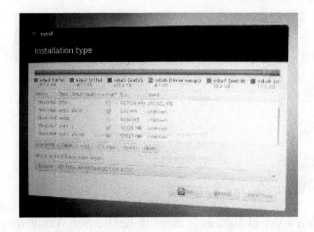

La imagen nos muestra varias particiones creadas en **sda1** y **sda2,** estas son las que tienen el Windows 8 instalado. Usted puede elegir qué sistema operativo arrancará primero por defecto.

Eso es todo lo que hay que hacer. Espero que les ayude a explorar los sistemas operativos que puede tener en sus máquinas.

Arranque dual de Windows 8 y Linux Mint en el mismo PC

Antes de empezar hay un par de cosas que usted va a necesitar:
- **10 GB de espacio libre** en la unidad de
- Una Distribución de **Linux Mint DVD**, De x86 o 64-bits, quemado en un DVD.
- Cerca de 30 minutos de tiempo libre

Nota: no se requiere ningún método específico para este fin, por lo que ahora vamos a tener el método más fácil para Linux.

Comenzamos con el cuadro de diálogo **Ejecutar** y escribiendo **diskmgmt.msc** y pulsando **enter**. La búsqueda del Administración de discos también se puede hacer con la ayuda de Menú Inicio.

Ahora vemos la consola de Administración de discos, haga clic justo en la unidad con Windows 8, y haga clic en **reducir el volumen (Shrink Volume...)** en el menú contextual.

Ahora es el momento de asignar el espacio o reducir el tamaño de la partición, esto es a elección del usuario, deberá de tener un espacio mínimo de 10 GB de espacio para la partición que crearemos ahora. Un GB contiene aprox. 1024 MB , así que para obtener el espacio que necesitará, se multiplican 1024 por el número de Gigas.

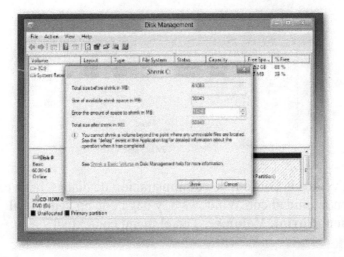

Ahora ejecuta el DVD de **Linux Mint** y arranque el **Boot Menú** de su Equipo, o, en caso de que no tenga un **Boot Menú**, entre en la BIOS y configúrela para que el primer dispositivo de arranque sea el CD-DVD.

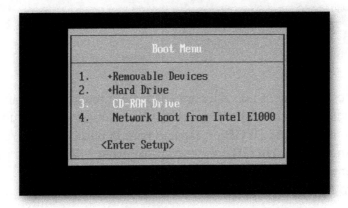

Ahora el DVD comenzará a trabajar por su cuenta, si bien deberá pulsar cualquier tecla para empezar la intalación.

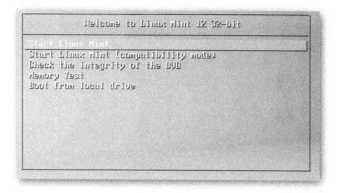

Después del proceso de arrancado, inicie el El proceso de
instalación, haciendo doble clic en el acceso directo de Linux Mint.

Pulse el **Continuar (Continue)** para pasar a la sección tipo de
instalación, elija el botón **Something else** y pulse el botón de
Continuar (Continue)

A

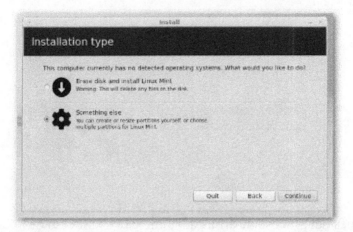

Ahora veremos nuestras particiones y nuestro espacio libre.

Haga doble clic en el **menú de formato**, De acuerdo con todas las cosas que espera de el punto de montaje, aquí es necesario agregar una sencilla barra, pulse **OK**.
Ahora haga clic en el botón **Instalar Ahora (Install Now).**

Un enfoque muy fácil y rápido para el proceso de instalación es que va a pedir un poco de **Ajustes de configuración** mientras el sistema operativo está ocupado con su instalación.

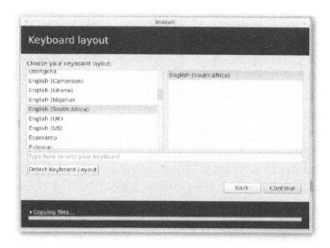

La **Opción de reinicio** se mostrará en la pantalla. Ahora sólo tiene que elegir el sistema operativo durante el arranque.

Nota: Grub recoge nuestra instalación de Windows 8 como una entrada en la parte inferior, en el entorno de recuperación de Windows, esto es en realidad la instalación de Windows 8 y el nombre de pantalla se puede cambiar fácilmente seleccionándolo en el menú y pulsando la tecla "**e**".

Ahora funcionará Linux Mint por defecto. Pero si uno lo desea, puede cambiar a Windows 8, sólo hay que volver al menú de arranque Grub.

Cómo instalar fácilmente versiones anteriores del .Net Framework de Windows 8
Algunos de los programas en los que Windows no son funcionales en el Windows 8. Sin embargo, puede ser útil instalar alguna versión anterior del **.Net Framework**.
Instalación del .Net Framework

El **.Net Framework** trabaja ahora de forma opcional. De tal forma que si usted necesita ejecutar algunos programas viejos, puede volver a llamar a las versiones anteriores de **.NET Framework**. Esto se puede hacer con la ayuda del Cuadro de diálogo **Ejecutar**, Pulsando la tecla de **Windows + R**, se mostrará el cuadro, ahora escriba **appwiz.cpl**.

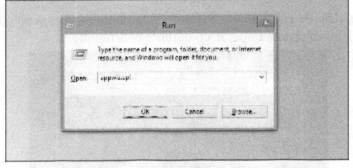

Ahora se abrió el Panel de Control, vaya a la sección **Programas y Características (Programs and Features),** consulte el enlace de **Encendido o Apagado de las Características de Windows (Turn Windows features on or off)**.

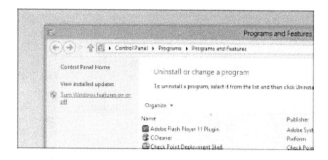

Marque la casilla de verificación para permitir la instalación del
.Net Framework 3.5.

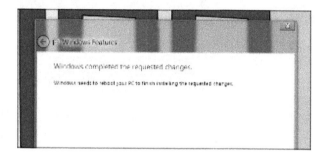

El Windows Update descargará el material y podría requerir algún
permiso para reiniciar el equipo cuando termine este proceso. Ya
ha instalado satisfactoriamente su versión deseada de Microsoft
Framework .Net sin ningún problema.

Crear y utilizar un disco para restablecer contraseña o USB en Windows 8

Perder u olvidar la contraseña es algo que nos puede pasar a
cualquiera. Pero no debe cundir el pánico, se puede recuperar
fácilmente con la ayuda del disco para restablecer la contraseña.
Vamos a ver cómo hacerlo:
Nota: Este método sólo servirá de ayuda para aquellas cuentas de
usuario local, para los que utilizan Live ID, tienen que elegir el
otro camino para hacer esto.

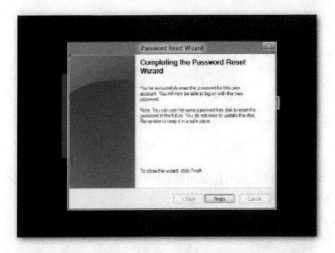

Restablecer su contraseña

Hechos estos ajustes, podrá disfrutar de sus beneficios, al igual que podrá utilizarlo para la próxima vez que se olvide la contraseña. Si pierde la contraseña otra vez, ese vínculo que sale en la pantalla, le llevará a la "**password reset**".

Asegúrese de que la USB está en la ranura USB, después de esto haga clic en el botón **Restablecer contraseña**, aparecerá el Asistente, pulse **Siguiente (Next)**.

Ahora elija el dispositivo donde guardará la contraseña.

Escriba la contraseña nueva cuenta y haga clic en **Siguiente (Next)**.

Para finalizar haga clic en **Finalizar (Finish)** ya tendrá la USB lista para recuperar la constraseña la próxima vez que la pierda.

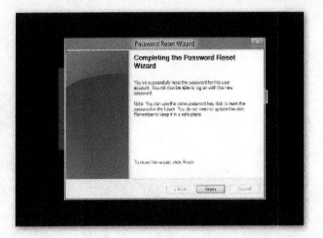

Por último, pero no menos importante, hay que poner esta clave en un lado seguro alguna parte, así que para la próxima vez, que la necesita pueda utilizarla de nuevo.

Configurar el Cuadro de Diálogo antes de eliminar algo erróneamente

Si acaba de cambiar a Windows 8, o están a punto, y se encuentra en constante envío de archivos a la papelera de reciclaje por error, es probable que sea debido a que ha **desactivado el cuadro de diálogo de confirmación de eliminación**, así que querrá saber como volver a habilitarlo.

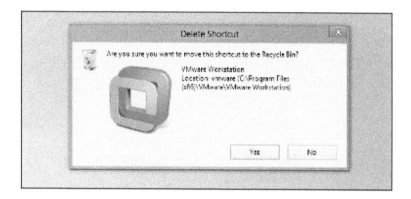

En el escritorio, haga clic derecho en el **icono de la papelera de Reciclaje (Recycle Bin)** y luego vaya a **Propiedades (Properties)** del menú contextual.

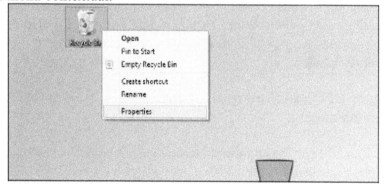

Aparecerá el Cuadro de diálogo de las propiedades de la papelera de reciclaje, ahora marque en la parte inferior de la página, la opción **Cuadro de Diálogo de Confirmación de borrado (Display delete confirmation dialog).**

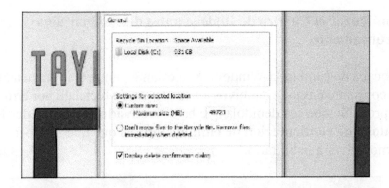

Ahora, cada vez que desee borrar algo o quiera eliminar cualquier cosa, le aparecerá un mensaje de confirmación en la pantalla.

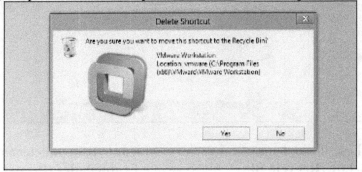

Esto es todo lo que necesita hacer. También puede utilizar algún método tradicional con atajos de teclas para eliminar los elementos sin enviarlos a la papelera de reciclaje. Las teclas de acceso directo son **Shift + Supr**.

Asignar CPU específica para las aplicaciones. Mejorar el Rendimiento

Usted podrá limitar el rendimiento de determinados procesos (en algunos procesadores lógicos), lo que le permitirá aprovechar mejor su CPU en el caso de que la CPU que tenga, no le dea el rendimiento necesario.
Esta práctica no se recomienda por Windows, ya que Windows ya intenta balancear la carga de los procesos para no sobrecargar el procesador y evitar una mala experiencia del usuario.

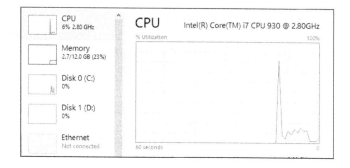

Cambio de afinidad de un Proceso

Haga clic en la barra de tareas de Windows y abra el administrador de tareas.

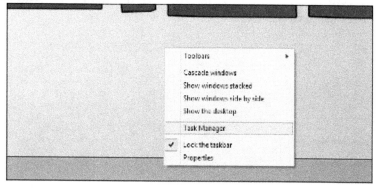

Vaya a la pestaña "**Detalles**".

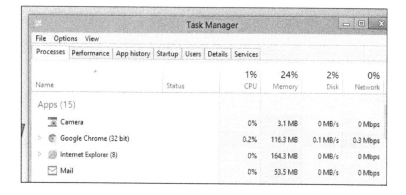

En la lista están disponibles todos sus procesos y procesadores, seleccione el proceso que desea limitar y luego **haga clic derecho sobre él**, vaya a las opciones de **"Set Affinity"**

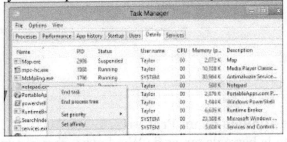

Por defecto se permiten todas las aplicaciones para el período en los **Procesadores del PC**.

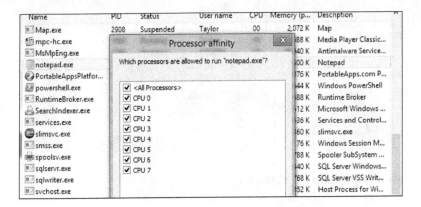

Simplemente elimine la marca de aquellos que no están dispuestos a hacer o no están dispuestos a utilizarlos.

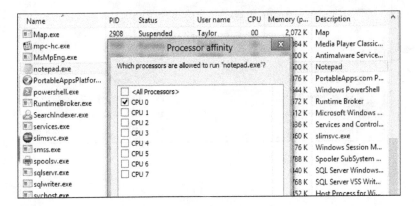

Usted ha forzado con éxito para asignar una CPU específica para la aplicación de Windows seleccionada.

Instalar VirtualBox en Windows 8

VirtualBox es una de las mejores maneras de instalar Windows 8 en una máquina virtual. Con el lanzamiento de Windows 8, muchos de nosotros podemos estar dispuestos a probar el nuevo sistema sin necesidad de instalarlo en nuestro ordenador.

Pasos para instalar Windows 8 en VirtualBox
Paso 1: Instale el software VirtualBox. Es compatible con XP, Vista y Windows 7 como sistemas operativos como máquinas host.
Paso 2: Inicie el asistente de VirtualBox ejecutando el software.
Paso 3: En la pantalla de VirtualBox Manager, haga clic en el botón **Nuevo** para iniciar el Asistente **Crear nuevo equipo virtual**. Haga clic en el botón **Siguiente**, escriba un nombre para la nueva máquina virtual, seleccione la versión del sistema operativo, como Windows 7 o Windows 7 (64 bits) de la lista desplegable (como Windows 8 no se admite oficialmente todavía), y luego haga clic en el botón **Siguiente** para proceder al siguiente paso.

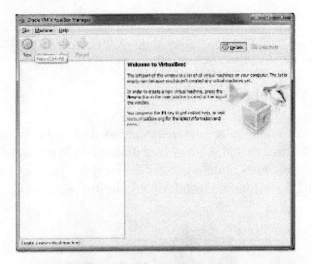

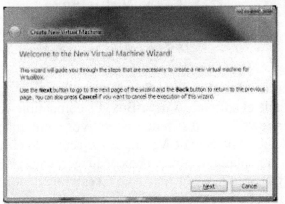

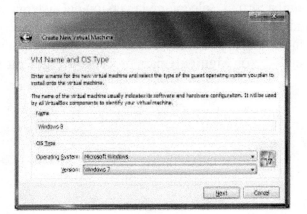

Paso 4: A continuación, tiene que seleccionar la cantidad de memoria que asignará al nuevo sistema operativo. Deslizándose hacia la derecha aumenta la memoria. Se recomienda que asigne al menos 1 GB para permitir el buen funcionamiento. Haga clic en siguiente.

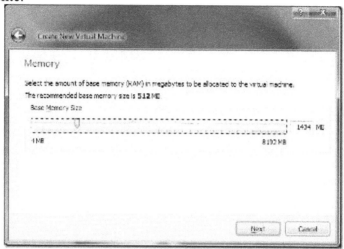

Paso 5: Ahora va a crear un disco duro virtual en el que se instalará su nuevo sistema operativo. Seleccione arrancar el disco duro y cree las nuevas opciones del disco duro y haga clic en el botón **Siguiente** para abrir el asistente para **Crear nuevo disco virtual**.

Paso 6: En el Asistente para **Crear Nuevo Disco** Virtual, Haga clic en el botón **Siguiente**, seleccione **expansión dinámica de**

almacenamiento (dynamically expanding store). Seleccione el tipo de almacenamiento y haga clic en **Siguiente** para configurar el tamaño y la ubicación. Introduzca el nuevo tamaño del disco en MB (por lo menos se recomienda 20 GB) y seleccione dónde ponerlo en la unidad física.

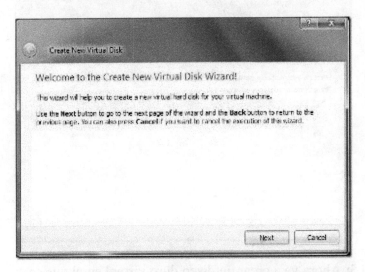

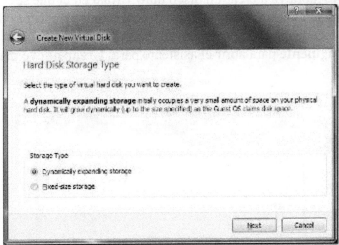

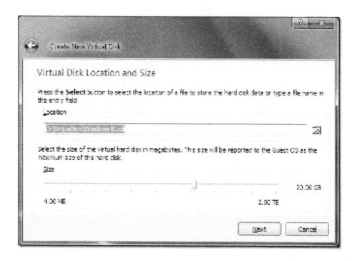

Ahora haga clic en **Siguiente** y en **Finalizar** para guardar y completar la configuración.

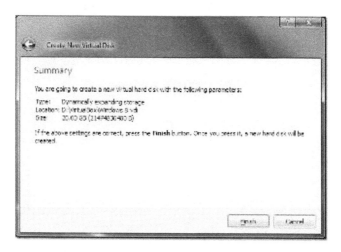

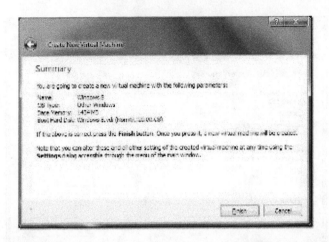

Paso 7: En el Administrador de VirtualBox, haga clic en derecho en el nuevo Windows 8 y seleccione **Configuración (settings)**. En **Configuración**, vaya a la pestaña **Almacenamiento (Storage)**, haga clic en el icono de CD/DVD para seleccionar el archivo ISO de Windows 8 como la unidad de CD/DVD virtual. Aquí, bajo el árbol de almacenamiento, haga clic en el icono de CD junto al CD/DVD Drive y vaya a al archivo ISO de Windows 8. Haga clic en el botón **Aceptar** para seleccionar la ISO como unidad de CD/DVD virtual. Cierre el cuadro de configuración.

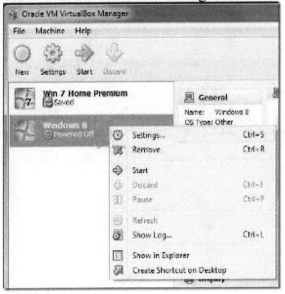

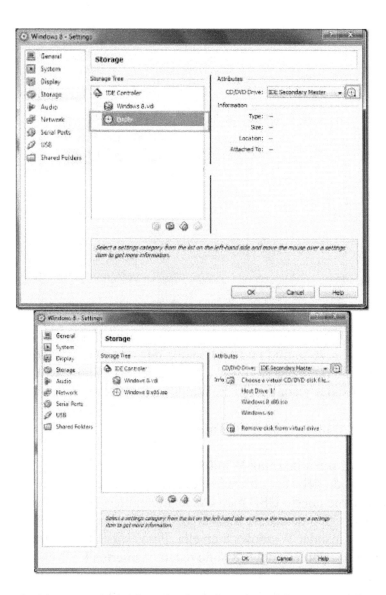

Paso 8: Ahora se creará la máquina virtual. En el Manager de VirtualBox seleccione la opción de Windows 8 que ya está disponible y haga clic en **Start** para arrancar desde el archivo ISO.

Paso 9: Después de hacer clic en el botón **Inicio**, verá una pantalla de carga breve seguido por el Pantalla de arranque de Windows 8. Ahora sólo tiene que seguir el asistente de instalación de Windows 8 para instalar y configurar su Windows 8 como sistema virtual.

Instalar Windows 8 en un Tablet

Método 1 para instalar Windows 8 en Tablet
Este método debe ser utilizado en las circunstancias en que su tableta tiene puerto USB para conectar con un ordenador, ya que sin ningún tipo de acceso a los archivos centrales de su tablet, es difícil de instalar Windows 8 en ella. Pero esta es la manera más fácil de instalar Windows 8 si no tenemos puertos USB en nuestra tablet.

Paso 1: En primer lugar, coja una copia de seguridad completa de la tablet. Después dejamos que se inicie en Windows 7 y recuerde que usted necesita 20 GB de espacio libre en la partición de Windows 7.

Paso 2: Ahora necesitamos descargar el archivo ISO de Windows 8 desde el sitio web de Microsoft. Se recomienda descargarlo sólo desde la página oficial de Microsoft. Recuerde que todo el entretenimiento no es gratis, así que tienes que comprar su copia de Windows 8.

Paso 3: Ahora montamos el archivo ISO de Windows 8 a través de la unidad clon virtual y para ello, descargue unidad clon virtual en la página web de Microsoft. Después de la descarga, complete la instalación y el montaje de los archivos ISO de Windows 8.

Paso 4: Lo difícil del procedimiento ha terminado, ahora sólo tienes que abrir la unidad virtual en "Mi PC" y ejecute la instalación de Windows 8 y seguir las instrucciones que aparecen en la pantalla.

Método 2 para instalar Windows 8 en Tablet

Siga esta guía en caso de que su tableta tenga puerto USB. Antes de empezar a descargar Windows 8 archivos ISO de Microsoft de sitio web.

Paso 1: Después de descargar el archivo ISO para crear un USB de arranque y copiar todos los archivos de Windows 8 en el USB. No hay necesidad de hacer que la USB arranque de forma manual, sólo tiene que descargar el software **WinToFlash** y siga las instrucciones en la pantalla para que su USB se convierta en una USB de arranque.

Paso 2: Después de tener la USB de arranque, conectamos la tableta y arrancamos la tableta seleccionando la opción de **arranque desde USB**. Arrancar desde la USB sólo se puede hacer desde la configuración de la **BIOS**. La tableta comenzará a mostrar la pantalla de instalación de Windows 8, siga las instrucciones en pantalla y su Windows 8 está instalado.

Después de instalar Windows 8 con éxito, tendrá que instalar los controladores básicos manualmente.

Instalar IIS 8 en Windows 8

El IIS 8 es un componente necesario para los desarrolladores de **ASP.NET**. Se instalará en el Windows 8 como **IIS (Internet Information Service)**. Windows 8 cuenta con una nueva versión de **IIS**. Ahora veremos cómo puede instalar el **IIS 8** en Windows 8. Para instalar en su Windows 8 siga los siguientes pasos:

Para instalarlo vaya a la caja de **Ejecutar (Run)** y escriba **appwiz.cpl**.

Este comando nos abrirá **el panel de control de programas y características (programs and features),** haga clic en el enlace **Activar las características de Windows o desactivar (Turn Windows features on or off).**

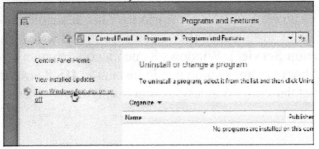

Vaya a la casilla de verificación Servicios de Información de
Internet.

La instalación por defecto que está equipada con todo lo necesario
para alojar sitios web, aunque usted podrá necesitar un poco más
de material para sus componentes.

Después de pulsar **OK**, espere unos segundos.

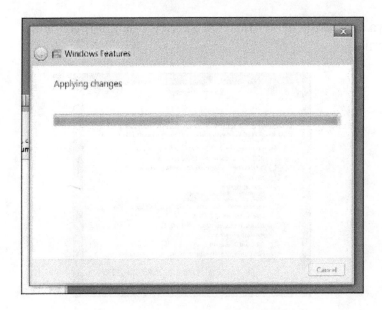

Después de hacer esto, vaya al navegador y escriba http://localhost.

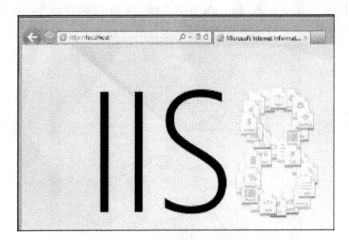

Podrá comprobar que IIS 8 se ha instalado correctamente.

Eliminar los paquetes de idioma innecesarios de Windows 8

Windows 8 permite añadir paquetes de idiomas a tu PC. Aquellos que ya han instalado los paquetes de idiomas se habrán dado cuenta de que no se pueden descargar paquetes de idiomas directamente desde los servidores de Microsoft. Para ello, es necesario que utilice el idioma en el panel de control para descargar los paquetes de idiomas en Windows 8.

Al instalar cualquier paquete de idioma, Windows le permitirá añadir tantos como quieras, pero esto va a afectar a su espacio de disco y a la velocidad y el rendimiento del sistema. Es importante sólo instalar ese paquete de idiomas que usted planea usar. Si por alguna razón no están utilizando los demás paquetes de idiomas, desinstalarlos ayudará a aumentar el rendimiento y la velocidad del sistema, al liberar de espacio en disco.

Desinstalar un paquete no es un trabajo difícil. Siga los siguientes pasos si desea desinstalar el paquete de idioma instalado en su máquina Windows 8.

Paso 1: Abra el Cuadro de diálogo **Ejecutar** utilizando las teclas de **Windows+R**. Cuando aparezca el cuadro de diálogo, escriba **control** y pulse **Enter**. Al pulsar **Intro**, aparecerá el panel de control.

Paso 2: Cuando vea la pantalla del Panel de control, haga clic en **Añadir un idioma (Add a language)** para abrir el panel de control del lenguaje. Desde aquí, ya puede instalar y desinstalar paquetes de idiomas.

Appearance and Personalization
Change the theme
Change desktop background
Adjust screen resolution

Clock, Language, and Region
Add a language
Change input methods
Change date, time, or number formats

Ease of Access
Let Windows suggest settings
Optimize visual display

Paso 3: Ahora haga clic en el botón **Opciones (Options)** del paquete de idioma que desea eliminar. A continuación, haga clic en **Desinstalar idioma de la pantalla (Unistall display language)**.

Tenga en cuenta que no se puede desinstalar un paquete de idioma si está siendo utilizando como idioma de la pantalla.
La desinstalación de los paquetes de idioma se han hecho con éxito.

La Pantalla Azul de la Muerte en Windows 8

La Pantalla Azul de la Muerte (también conocido como **BSOD**, un error de pantalla azul o pantalla azul), conocida oficialmente como un error de detención o una comprobación de errores, es la pantalla que muestra el error para la familia de sistemas operativos Microsoft Windows al encontrar **un error crítico**, de carácter **no recuperable**, que hace que el sistema se bloquee.

En Windows 8, en lugar de mostrar la información técnica sobre el error de una manera detallada, simplemente se muestra una breve explicación de que el sistema debe reiniciarse, el nombre técnico del error y un emoticono. También contiene un tono más claro de azul en el fondo. Eso se debe a que Microsoft creyó que la información que se proporcionada en las versiones anteriores era ininteligible para la mayoría de los usuarios de Windows. Sin embargo, contiene menos información que la versión anterior, omitiendo direcciones de memoria y nombres de archivos, haciendo así más difícil detectar potencialmente el problema subyacente para los usuarios avanzados, como un problema con un controlador.

Los Errores de detención están relacionados con el hardware, actualizaciones y controladores, haciendo que el equipo deje de funcionar con el fin de evitar daños en el hardware o los datos irrecuperables

Si está configurado para hacerlo, el equipo llevará a cabo un " core dump " y guardará todos los datos en la memoria en un archivo de disco conocido como **"archivo de volcado"**, para su posterior recuperación y para ayudar en el análisis a un técnico experto de las causas del error. También es posible iniciar manualmente un **BSoD** mediante el uso de una secuencia de teclado.

La mayoría de las pantallas azules, suelen ser causadas debido a errores de software en los controladores de los dispositivos de hardware. También pueden ser causadas por fallos físicos de hardware, como una memoria RAM defectuosa o fuentes de alimentación, por el recalentamiento de los componentes o hardware que se ejecuta más allá de los límites de sus especificaciones, como el overclocking.

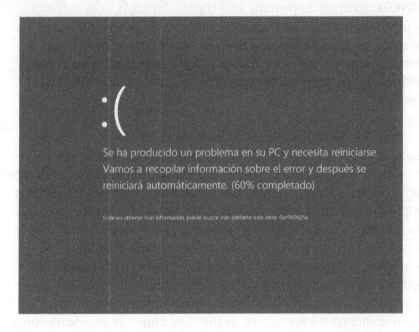

Bibliografía

Para la realización de este libro se ha consultado y contrastado los datos con las siguientes fuentes de información. Un especial agradecimiento a Maddy Acca de Techmell.com por su colaboración:

Artículos consultados

Brand, Robert "Windows Phone Official SkyDrive 2.2 Update Rolls out" con la URL: http://www.wpcentral.com/windows-phone-official-skydrive-22-update-rolls-out/. Escrito por Robert Brand.

"Introducing SkyDrive for iPhone and Windows Phone" con la URL: http://windowsteamblog.com/windows_live/b/windowslive/archive/2011/12/13/introducing-skydrive-for-iphone-and-windows-phone.aspx/. Escrito por Mike Torres.

"Windows Phone wins IDEA 2011 – people's choice design award" con la URL: http://www.winrumors.com/windows-phone-wins-idea-2011-peoples-choice-design-award/. Escrito por Tom Warren.

"Windows 8 on the desktop—an awkward hybrid" con la URL: http://arstechnica. com/information-technology/2012/04/windows-8-on-the-desktopan-awkward-hybrid/. Escrito por Ars Technica.

"Microsoft To Drop Aero From Windows 8 User Interface" con la URL: http://www. forbes.com/sites/adriankingsleyhughes/2012/05/19/microsoft-to-drop-aero-from-windows-8-user-interface/. Revista Forbes.

"Windows 8 Release Preview: RIP, Aero (2003-2012)" con la URL: http://www.winsupersite.com/article/windows8/windows-8-release-preview-rip-aero-20032012-143133/. Escrito por Paul Thurrott.

"Minecraft creator attacks Microsoft's Windows 8 plan". Artículo de BBC News.

"Windows 8 Is Ready For Your Enterprise". Escrito por Stephen Rose.

Libros consultados
Introducing Windows 8 An Overview for IT Professionals, de **Jerry Honeycutt**
Windows 8 for Dummies, de **Andy Rathbone**.
Windows 8 Step by Step, de **Ciprian Adrian Rusen**.
Windows 8 Secrets, de **Paul Thurrot**.

Páginas web consultadas
http://www.techmell.com
http://www.wikipedia.org
http://www.microsoft.com
http://msdn.microsoft.com
http://www.grouppolicy.biz
http://help.unc.edu
http://www.windows8tricks.net/category/windows-8-tips-and-tricks/windows-8-metro-ui/
http://apps.live.com/skydrive

Agradecimientos
Me gustaría dar las gracias a mi mujer y a mis hijos por aguantarme durante el proceso de creación. Sin su apoyo no hubiera sido posible esta obra. También me gustaría hacer hincapié a la gente en que Windows 8 se ha sumado a las nuevas tecnologías táctiles, y lo ha logrado haciendo un producto de una excelente calidad y compatibilidad que lo hace diferente a toda la competencia. Esperemos que este camino que ha elegido Microsoft sea el principio de un futuro tecnológico más eficiente, sencillo y gráficamente elegante y más vistoso.

Muchas gracias a todos los lectores que me han elegido para que les explicara el funcionamiento de la nueva versión de Windows 8.